心一堂術數古籍珍本叢刊

書名：元祝垚大元五歌批論
系列：心一堂術數古籍珍本叢刊　堪輿類　第三輯　340
作者：【清】元祝垚
主編、責任編輯：陳劍聰
心一堂術數古籍珍本叢刊編校小組：陳劍聰　素聞　鄒偉才　虛白盧主　丁鑫華

出版：心一堂有限公司
通訊地址：香港九龍旺角彌敦道六一〇號荷李活商業中心十八樓〇五—〇六室
深港讀者服務中心·中國深圳市羅湖區立新路六號羅湖商業大廈負一層〇〇八室
電話號碼：(852)9027-7110
網址：publish.sunyata.cc
電郵：sunyatabook@gmail.com
網店：http://book.sunyata.cc
淘寶店地址：https://sunyata.taobao.com
微店地址：https://weidian.com/s/1212826297
臉書：https://www.facebook.com/sunyatabook
讀者論壇：http://bbs.sunyata.cc/

版次：二零二一年四月初版
平裝

定價：港幣　九十八元正
　　　新台幣　三百九十八元正

國際書號：ISBN 978-988-8583-79-9

香港發行：香港聯合書刊物流有限公司
地址：香港新界荃灣德士古道二二〇—二四八號荃灣工業中心十六樓
電話號碼：(852)2150-2100
傳真號碼：(852)2407-3062
電郵：info@suplogistics.com.hk
網址：http://www.suplogistics.com.hk

台灣發行：秀威資訊科技股份有限公司
地址：台灣台北市內湖區瑞光路七十六巷六十五號一樓
電話號碼：+886-2-2796-3638
傳真號碼：+886-2-2796-1377
網絡書店：www.bodbooks.com.tw
台灣秀威書店讀者服務中心：
地址：台灣台北市中山區松江路二〇九號一樓
電話號碼：+886-2-2518-0207
傳真號碼：+886-2-2518-0778
網絡書店：http://www.govbooks.com.tw

中國大陸發行　零售：深圳心一堂文化傳播有限公司
深圳地址：深圳市羅湖區立新路六號羅湖商業大廈負一層〇〇八室
電話號碼：(86)0755-82224934

心一堂微店二維碼

心一堂淘寶店二維碼

心一堂術數古籍 珍本 整理 叢刊 總序

術數定義

術數，大概可謂以「推算（推演）、預測人（個人、群體、國家等）、事、物、自然現象、時間、空間方位等規律及氣數，並或通過種種『方術』，從而達致趨吉避凶或某種特定目的」之知識體系和方法。

術數類別

我國術數的內容類別，歷代不盡相同，例如《漢書・藝文志》中載，漢代術數有六類：天文、曆譜、五行、蓍龜、雜占、形法。至清代《四庫全書》，術數類則有：數學、占候、相宅相墓、占卜、命書、相書、陰陽五行、雜技術等，其他如《後漢書・方術部》、《藝文類聚・方術部》、《太平御覽・方術部》等，對於術數的分類，皆有差異。古代多把天文、曆譜、及部分數學均歸入術數類，而民間流行亦視傳統醫學作為術數的一環；此外，有些術數與宗教中的方術亦往往難以分開。現代民間則常將各種術數歸納為五大類別：命、卜、相、醫、山，通稱「五術」。

本叢刊在《四庫全書》的分類基礎上，將術數分為九大類別：占筮、星命、相術、堪輿、選擇、三式、讖諱、理數（陰陽五行）、雜術（其他）。而未收天文、曆譜、算術、宗教方術、醫學。

術數思想與發展──從術到學，乃至合道

我國術數是由上古的占星、卜筮、形法等術發展下來的。其中卜筮之術，是歷經夏商周三代而通過「龜卜、蓍筮」得出卜（筮）辭的一種預測（吉凶成敗）術，之後歸納並結集成書，此即現傳之《易

經》。經過春秋戰國至秦漢之際，受到當時諸子百家的影響、儒家的推崇，遂有《易傳》等的出現，原本是卜筮術書的《易經》，被提升及解讀成有包涵「天地之道（理）」之學。因此，《易・繫辭傳》曰：「易與天地準，故能彌綸天地之道。」

漢代以後，易學中的陰陽學說，與五行、九宮、干支、氣運、災變、律曆、卦氣、讖緯、天人感應說等相結合，形成易學中象數系統。而其他原與《易經》本來沒有關係的術數，如占星、形法、選擇，亦漸漸以易理（象數學說）為依歸。《四庫全書・易類小序》云：「術數之興，多在秦漢以後。要其旨，不出乎陰陽五行，生尅制化。實皆《易》之支派，傳以雜說耳。」至此，術數可謂已由「術」發展成「學」。

及至宋代，術數理論與理學中的河圖洛書、太極圖、邵雍先天之學及皇極經世等學說給合，通過術數以演繹理學中「天地中有一太極，萬物中各有一太極」（《朱子語類》）的思想。術數理論不單已發展至十分成熟，而且也從其學理中衍生一些新的方法或理論，如《梅花易數》、《河洛理數》等。

在傳統上，術數功能往往不止於僅僅作為趨吉避凶的方術，及「能彌綸天地之道」的學問，亦有其「修心養性」的功能，「與道合一」（修道）的內涵。《素問・上古天真論》：「上古之人，其知道者，法於陰陽，和於術數。」數之意義，不單是外在的算數、歷數、氣數，而是與理學中同等的「道」、「理」——心性的功能，北宋理氣家邵雍對此多有發揮：「聖人之心，是亦數也」、「萬化萬事生乎心」、「心為太極」。《觀物外篇》：「先天之學，心法也。……蓋天地萬物之理，盡在其中矣，心一而不分，則能應萬物。」反過來說，宋代的術數理論，受到當時理學、佛道及宋易影響，認為心性本質上是等同天地之太極。天地萬物氣數規律，能通過內觀自心而有所感知，即是內心也已具備有術數的推演及預測、感知能力；相傳是邵雍所創之《梅花易數》，便是在這樣的背景下誕生。

《易・文言傳》已有「積善之家，必有餘慶；積不善之家，必有餘殃」之說，至漢代流行的災變說及讖緯說，我國數千年來都認為天災，異常天象（自然現象），皆與一國或一地的施政者失德有關；下至家族、個人之盛衰，也都與一族一人之德行修養有關。因此，我國術數中除了吉凶盛衰理數之外，人心的德行修養，也是趨吉避凶的一個關鍵因素。

術數與宗教、修道

在這種思想之下，我國術數不單只是附屬於巫術或宗教行為的方術，又往往是一種宗教的修煉手段--通過術數，以知陰陽，乃至合陰陽（道）。「其知道者，法於陰陽，和於術數。」例如，「奇門遁甲」術中，即分為「術奇門」與「法奇門」兩大類。「法奇門」中有大量道教中符籙、手印、存想、內煉的內容，是道教內丹外法的一種重要外法修煉體系。甚至在雷法一系的修煉上，亦大量應用了術數內容。此外，相術、堪輿術中也有修煉望氣（氣的形狀、顏色）的方法；堪輿家除了選擇陰陽宅之吉凶外，也有道教中選擇適合修道環境（法、財、侶、地中的地）的方法，以至通過堪輿術觀察天地山川陰陽之氣，亦成為領悟陰陽金丹大道的一途。

易學體系以外的術數與的少數民族的術數

我國術數中，也有不用或不全用易理作為其理論依據的，如揚雄的《太玄》、司馬光的《潛虛》。也有一些占卜法、雜術不屬於《易經》系統，不過對後世影響較少而已。

外來宗教及少數民族中也有不少雖受漢文化影響（如陰陽、五行、二十八宿等學說。）但仍自成系統的術數，如古代的西夏、突厥、吐魯番等占卜及星占術，藏族中有多種藏傳佛教占卜術、苯教占卜術、擇吉術、推命術、相術等；北方少數民族有薩滿教占卜術；不少少數民族如水族、白族、布朗族、佤族、彝族、苗族等，皆有占雞（卦）草卜、雞蛋卜等術，納西族的占星術、占卜術，彝族畢摩的推命術、占卜術……等等，都是屬於《易經》體系以外的術數。相對上，外國傳入的術數以及其理論，對我國術數影響更大。

曆法、推步術與外來術數的影響

我國的術數與曆法的關係非常緊密。早期的術數中，很多是利用星宿或星宿組合的位置（如某星在某州或某宮某度）付予某種吉凶意義，并據之以推演，例如歲星（木星）、月將（某月太陽所躔之宮次）等。不過，由於不同的古代曆法推步的誤差及歲差的問題，若干年後，其術數所用之星辰的位置，已與真實星辰的位置不一樣了；此如歲星（木星），早期的曆法及術數以十二年為一周期（以應地支），與木星真實周期十一點八六年，每幾十年便錯一宮。後來術家又設一「太歲」的假想星體來解決，是歲星運行的相反，週期亦剛好是十二年。而術數中的神煞，很多即是根據太歲的位置而定。又如六壬術中的「月將」，原是立春節氣後太陽躔娵訾之次而稱作「登明亥將」，至宋代，因歲差的關係，要到雨水節氣後太陽才躔娵訾之次，當時沈括提出了修正，但明清時六壬術中「月將」仍然沿用宋代沈括修正的起法沒有再修正。

由於以真實星象周期的推步術是非常繁複，而且古代星象推步術本身亦有不少誤差，大多數術數除依曆書保留了太陽（節氣）、太陰（月相）的簡單宮次計算外，漸漸形成根據干支、日月等的各自起例，以起出其他具有不同含義的眾多假想星象及神煞系統。唐宋以後，我國絕大部分術數都主要沿用這一系統，也出現了不少完全脫離真實星象的術數，如《子平術》、《紫微斗數》、《鐵版神數》等。後來就連一些利用真實星辰位置的術數，如《七政四餘術》及選擇法中的《天星選擇》，也已與假想星象及神煞混合而使用了。

隨着古代外國曆（推步）、術數的傳入，如唐代傳入的印度曆法及術數，元代傳入的回回曆等，其中我國占星術便吸收了印度占星術中羅睺星、計都星等而形成四餘星，又通過阿拉伯占星術而吸收了其中來自希臘、巴比倫占星術的黃道十二宮、四大（四元素）學說（地、水、火、風），並與我國傳統的二十八宿、五行說、神煞系統並存而形成《七政四餘術》。此外，一些術數中的北斗星名，不用我國傳統的星名：天樞、天璇、天璣、天權、玉衡、開陽、搖光，而是使用來自印度梵文所譯的：貪狼、巨門、祿存、文曲，廉貞、武曲、破軍等，此明顯是受到唐代從印度傳入的曆法及占星術所影響。如星命術中的《紫微斗數》及堪輿術中的《撼龍經》等文獻中，其星皆用印度譯名。及至清初《時憲曆》，置閏之法則改用西法「定氣」。清代以後的術數，又作過不少的調整。

此外，我國相術中的面相術、手相術，唐宋之際受印度相術影響頗大，至民國初年，又通過翻譯歐西、日本的相術書籍而大量吸收歐西相術的內容，形成了現代我國坊間流行的新式相術。

陰陽學——術數在古代、官方管理及外國的影響

術數在古代社會中一直扮演着一個非常重要的角色，影響層面不單只是某一階層、某一職業、某一年齡的人，而是上自帝王，下至普通百姓，從出生到死亡，不論是生活上的小事如洗髮、出行等，大事如建房、入伙、出兵等，從個人、家族以至國家，從天文、氣象、地理到人事、軍事，從民俗、學術到宗教，都離不開術數的應用。我國最晚在唐代開始，已把以上術數之學，稱作陰陽（學），行術數者稱陰陽人。（敦煌文書、斯四三二七唐《師師漫語話》：「以下說陰陽人謾語話」，此說法後來傳入日本，今日本人稱行術數者為「陰陽師」）。一直到了清末，欽天監中負責陰陽術數的官員中，以及民間術數之士，仍名陰陽生。

古代政府的中欽天監（司天監），除了負責天文、曆法、輿地之外，亦精通其他如星占、選擇、堪輿等術數，除在皇室人員及朝庭中應用外，也定期頒行日書、修定術數，使民間對於天文、日曆用事吉凶及使用其他術數時，有所依從。

我國古代政府對官方及民間陰陽學及陰陽官員，從其內容、人員的選拔、培訓、認證、考核、律法監管等，都有制度。至明清兩代，其制度更為完善、嚴格。

宋代官學之中，課程中已有陰陽學及其考試的內容。（宋徽宗崇寧三年〔一一零四年〕崇寧算學令：「諸學生習……並曆算、三式、天文書。」「諸試……三式即射覆及預占三日陰陽風雨。天文即預

定一月或一季分野災祥，並以依經備草合問為通。」

金代司天臺，從民間「草澤人」（即民間習術數人士）考試選拔：「其試之制，以《宣明曆》試推步，及《婚書》、《地理新書》試合婚、安葬，並《易》筮法，六壬課、三命、五星之術。」（《金史》卷五十一・志第三十二・選舉一）

元代為進一步加強官方陰陽學對民間的影響、管理、控制及培育，除沿襲宋代、金代在司天監掌管陰陽學及中央的官學陰陽學課程之外，更在地方上增設陰陽學課程（《元史・選舉志一》：「世祖至元二十八年夏六月始置諸路陰陽學。」）地方上也設陰陽學教授員，培育及管轄地方陰陽人。（《元史・選舉志一》：「（元仁宗）延祐初，令陰陽人依儒醫例，於路、府、州設教授員，凡陰陽人皆管轄之，而上屬於太史焉。」）自此，民間的陰陽術士（陰陽人），被納入官方的管轄之下。

至明清兩代，陰陽學制度更為完善。中央欽天監掌管陰陽學，明代地方縣設陰陽學正術，各州設陰陽學典術，各縣設陰陽學訓術。陰陽人從地方陰陽學肆業或被選拔出來後，再送到欽天監考試。（《大明會典》卷二二三：「凡天下府州縣舉到陰陽人堪任正術等官者，俱從吏部送（欽天監），考中，送回選用；不中者發回原籍為民，原保官吏治罪。」）清代大致沿用明制，凡陰陽術數之流，悉歸中央欽天監及地方陰陽官員管理、培訓、認證。至今尚有「紹興府陰陽印」、「東光縣陰陽學記」等明代銅印，及某某縣某某之清代陰陽執照等傳世。

清代欽天監漏刻科對官員要求甚為嚴格。《大清會典》「國子監」規定：「凡算學之教，設肄業生。滿洲十有二人，蒙古、漢軍各六人，於各旗官學內考取。漢十有二人，於舉人、貢監生童內考取。附學生二十四人，由欽天監選送。教以天文演算法諸書，五年學業有成，舉人引見以欽天監博士用，貢監生童以天文生補用。」學生在官學肄業、貢監生肄業或考得舉人後，經過了五年對天文、算法、陰陽學的學習，其中精通陰陽術數者，會送往漏刻科。而在欽天監供職的官員，《大清會典則例》「欽天監」規定：「本監官生三年考核一次，術業精通者，保題升用。不及者，停其升轉，再加學習。如能黽勉供職，即予開復。仍不及者，降職一等，再令學習三年，能習熟者，准予開復，仍不能者，黜退。」除定期考核以定其升用降職外，《大清律例》中對陰陽術士不準確的推斷（妄言禍福）是要治罪的。《大清律例・一七八・術七・妄言禍福》：「凡陰陽術士，不許於大小文武官員之家妄言禍福，違者杖一百。其依經推算星命卜課，不在禁限。」大小文武官員延請的陰陽術士，自然是以欽天監漏刻科官員或地方陰陽官員為主。

官方陰陽學制度也影響鄰國如朝鮮、日本、越南等地，一直到了民國時期，鄰國仍然沿用着我國的多種術數。而我國的漢族術數，在古代甚至影響遍及西夏、突厥、吐蕃、阿拉伯、印度、東南亞諸國。

術數研究

術數在我國古代社會雖然影響深遠，「是傳統中國理念中的一門科學，從傳統的陰陽、五行、九宮、八卦、河圖、洛書等觀念作大自然的研究。……傳統中國的天文學、數學、煉丹術等，要到上世紀中葉始受世界學者肯定。可是，術數還未受到應得的注意。術數在傳統中國科技史、思想史，文化史、社會史，甚至軍事史都有一定的影響。……更進一步了解術數，我們將更能了解中國歷史的全貌。」（何丙郁《術數、天文與醫學中國科技史的新視野》，香港城市大學中國文化中心。）

可是術數至今一直不受正統學界所重視，加上術家藏秘自珍，又揚言天機不可洩漏，「（術數）乃吾國科學與哲學融貫而成一種學說，數千年來傳衍嬗變，或隱或現，全賴一二有心人為之繼續維繫，賴以不絕，其中確有學術上研究之價值，非徒癡人說夢，荒誕不經之謂也。其所以至今不能在科學中成立一種地位者，實有數因。蓋古代士大夫階級目醫卜星相為九流之學，多恥道之；而發明諸大師又故為惝恍迷離之辭，以待後人探索；間有一二賢者有所發明，亦秘莫如深，既恐洩天地之秘，復恐譏為旁門左道，始終不肯公開研究，成立一有系統說明之書籍，貽之後世。故居今日而欲研究此種學術，實一極困難之事。」（民國徐樂吾《子平真詮評註》，方重審序）

現存的術數古籍，除極少數是唐、宋、元的版本外，絕大多數是明、清兩代的版本。其內容也主要是明、清兩代流行的術數，唐宋或以前的術數及其書籍，大部分均已失傳，只能從史料記載、出土文獻、敦煌遺書中稍窺一鱗半爪。

術數版本

坊間術數古籍版本，大多是晚清書坊之翻刻本及民國書賈之重排本，其中豕亥魚魯，或任意增刪，往往文意全非，以至不能卒讀。現今不論是術數愛好者，還是民俗、史學、社會、文化、版本等學術研究者，要想得一常見術數書籍的善本、原版，已經非常困難，更遑論如稿本、鈔本、孤本等珍稀版本。在文獻不足及缺乏善本的情況下，要想對術數的源流、理法、及其影響，作全面深入的研究，幾不可能。

有見及此，本叢刊編校小組經多年努力及多方協助，在海內外搜羅了二十世紀六十年代以前漢文為主的術數類善本、珍本、鈔本、孤本、稿本、批校本等數百種，精選出其中最佳版本，分別輯入兩個系列：

一、心一堂術數古籍珍本叢刊

二、心一堂術數古籍整理叢刊

前者以最新數碼（數位）技術清理、修復珍本原本的版面，更正明顯的錯訛，部分善本更以原色彩色精印，務求更勝原本。并以每百多種珍本、一百二十冊為一輯，分輯出版，以饗讀者。

後者延請、稿約有關專家、學者，以善本、珍本等作底本，參以其他版本，古籍進行審定、校勘、注釋，務求打造一最善版本，方便現代人閱讀、理解、研究等之用。

限於編校小組的水平，版本選擇及考證、文字修正、提要內容等方面，恐有疏漏及舛誤之處，懇請方家不吝指正。

心一堂術數古籍 珍本／整理 叢刊編校小組

二零零九年七月序

二零一四年九月第三次修訂

天元五歌

之炘謹按。只此氣來往三字。將天地一體之理。說得透徹。須知其氣所以來往之故。在於陰陽互根。其中原有相互之根。所以常常來往來往者。交感也。先識得天地之所以交感。即識得龍水相對必然

棣華堂地學五種卷之七

第二種天元五歌批論

靜海又元子元祝垚皞農氏洩秘

文安甥男靳之炘筱園叅讀

大城門人傅榮昌光遠校字

天元五歌

杜陵蔣平階大鴻著

天元歌第一 總論

一元浩氣涵三象。混沌分開漸升降。天清地濁成兩儀。陰陽互根氣來往。山川土石象中氣。日月星辰氣中象。二氣相抱不相離。濁陰本是清陽相。惟有人為萬物靈。品配乾坤號參兩。一人自具一天地。卓立三

交感之理。雖在無形。確有可據。非撲空掠影之談。將子於五歌首章。先從天地初分。陰陽闔闢說起。句句意有所注。非泛演浮詞也。

才不相讓。

首章言陰陽一氣。天地一物。而人與天地合體。原註

開首以一元渾氣。涵三象一語。將天地人一體之根源。指示明曉。繼言山川土石。象中氣。日月星辰氣中象。二氣相抱不相離。濁陰本是清陽相。四句將天地打成一團。以見地在天中。原非二體。隱將對水認龍。所以然之故。先暗下註腳。令讀者到悟徹之後。一旦豁然。真知天地一體之理。然後洞悉對水認龍之法。是真實可信而無疑義矣。

生時衣食居廈屋。萬寶榮榜遍九牧。死時埋骨歸黄

之。炘謹按精魂苦樂。皆由蒸噓之所變化也。地氣蒸之噓之。而變化不一。夫地氣何以遂能蒸噓。蓋由吸來天光真陽之氣。以鼓動而溫煖之。乃能蒸噓也。然則蒸噓者。非地氣之自能。實天光助之使能也。天光地氣。合為蒸噓。精魂受之。宜無不樂。而何以有苦。豈知蒸噓之氣。有寒煖之分。蒸噓之有寒煖。猶四時之有春秋。煖比春主生。寒比秋主殺。故精魂之得生氣者則樂。得死氣者則苦矣。故孝子必慎葬也。

土。反本還原義相逐。還從地氣吸天光。變化蒸噓蔭百族。精魂苦樂人不知。第驗子孫受禍福。

原註　此章言陰陽二宅皆天氣陽精反本化生之妙用

埋骨於地。受地氣以蔭骨。人所知也。蔣子說出還從地氣吸天光來。真一語發千古之秘。學者於此。可知八尺之穴。直與渾天聯絡。息息相通。絲絲相係。則此八尺者。常與天地渾作一團。四面八方。氣息環注。所注者善。則善應著焉。所注者惡。則惡應著焉。天地無心。而流行有數。蒸噓變化。精魂之苦

之炘謹按。此言宅凶墓吉。兒孫慶。亦須看其宅為何如。凶若宅僅衰氣。則墓吉可為慶。若宅受雜氣。墓雖吉亦難救其凶。山東福山縣有李姓。延家舅相其宅墓。墓甚得令。其宅犯子午大雜氣甚真。故其家小康。五子五媳。日日爭吵。三年中服毒死一子二媳。縊死一子一媳。官司相連。災病相繼。家舅令拆去東廂。遂安。若宅吉墓凶者。其墓雖無雜氣。而僅受衰氣。宅吉亦難支也。

樂天分惘惘世人。烏能知此。只可於其子孫禍福徵之。葬親者慎之。

墓宅吉凶較量看。新墳舊墓也相參。墓宅兩興俱鼎盛。墓宅兩廢斷人煙。宅凶墓吉兒孫慶。墓凶宅吉眼前歡。祖父新阡沾殺氣。高曾福蔭他房去。寒林忽發一枝榮。若非新宅與新墳。吉少凶多福力減。凶少吉多福不侵。

此章言墓宅新舊當參看 原註

覆驗古墳。先當知此。方不致有誤。必遍考之。乃能確有把握也。嘗見覆古者。聞此家發貴。登其墓而

之圻謹按。孝子葬親。當早擇穴。就精魂未散。以地氣接之。保養使不消散。常存於縹緲之間。與天地共逍遙之樂。然後寢寐獲安也。苟不幸誤葬凶地。急宜速延名師。慎擇佳壤。以遷葬。甚勿聽迂儒之論。而延置之。使亡親之精魂。日處苦楚。故朱子兩遷親柩。文王之墓為水所嚙。武王遷之。古聖先賢。固不為自求福。蓋深明先人誠有靈魂不安之害。故為之不疑也。

驗之。乃指某砂某水合當出貴。遂自信不移。執之為法。而不知其吉應。乃在其舊墓。或在其陽居也。其自執為法者。不知將禍人凡幾矣。可不慎哉。

更看屍骸寒與煖。歲久骨枯取效緩。悉山悉水若曾理。消盡陰霾氣方轉。初喪新骨天靈全。葬來生氣朝花鮮。更遇嫩山并嫩水。一紀之內錦衣還。兼將宅氣來相輔。卑田院裏出高官。

此章言墓氣遲速之驗　原註

凡由凶地遷出之葬。三年之內。必疊疊見凶應。而不至大害事。凡遇此必須先告主家。此棺所受凶

氣。當應某種凶事某種凶事。三年之內。必發重禍
連。勿須驚恐。當不至大害事。必皆虎頭蛇尾。而事
即了結。蓋在舊穴所受之凶氣。皆蔭於骨。初受新
地吉氣。則凶氣為吉氣所逼。故欲一時盡出。然凶
氣後無繼續。故能虎頭蛇尾而了也。此余所屢屢
經驗者也。

勸君大地勿悞求。大形大局少根由。縱有千山並萬
水。奈與穴氣不相投。一枝一泡山龍真。一鈎一曲水
龍神。肉眼只嫌結局小。個中生意滿乾坤。恨煞時師
不識真。常將假局賺他人。謀佔靈壇並舊墓。壞人心

之炘謹按看個中生意滿乾坤一語非真見道者說不出亦非真知道者不能信也夫人心一縷精誠自能上達天帝然此精誠二字非可輕言也蓋道者誠也誠即道也道者天心之所遵行也以精誠之道達天心之所遵行本是一家何難上達理之固然非有異也今言個中生意者即天心也天心之所遵行彌於六合今個中天心既得而天心之行於六合者本是一家孰能不來應耶六合俱來應豈猶非滿乾坤乎

術惹夫瞋豈知吉地方方有只在眉頭眼下尋

此章戒人勿貪大局為花假所悞原註

吉地方方有只在眉頭眼底恨煞時師不識耳若能洞曉認地真訣則三叉兩片各具天機何必妄費精神謀佔他人所有哉山地之一枝一泡平陽之一凼一鈎信手拈來無非妙用肉眼嫌其局小那知個中生意周滿乾坤其大已無外矣不知者曰蔣子大話欺人耳如此小局遂夸為周滿乾坤何其言之侈也豈知天地一體入尺之穴上與天通六虛之氣咸來環注謂之生意滿乾坤誠哉滿

之炘謹按羲畫六十四卦文作彖辭周作象辭孔作十翼故易為四聖之書今撥星之訣暗用六十四卦故與羲文周孔心相印也與四聖心心相印豈得目之為術家書乎管郭楊曾之秘非真傳正授難免模糊苟得其傳則卦理通曉而認地認龍亦非師授難入精微故傳心猶須傳眼也

乾坤非虛語也若八尺穴中失其個中之妙則千山萬水尚不能得其形局之用滿乾坤云乎哉

此書不是術家書河洛精微太極圖識得元機根造化花前月下盡春和羲文周孔心相印禹範箕疇義不磨管郭遺文多偽託曾楊口訣世間無若不傳心幷傳眼青囊萬卷總模糊天涯倘遇知音客留取狂言醉後歌

此章自序地學得傳之正原註

術原於道後世愈傳愈偽遂成背道之術而術與道分而專以術家名今言此書不是術家書蓋由

聖賢大道中來。故與羲文周孔。心心相印。禹範箕疇。息息相通。其元機根於造化。其顯象兆自圖書。管郭楊曾。皆深得羲文周孔之遺意。故能顛倒元空大卦以為用。雖有口訣。誓不輕傳。故不得口訣。雖讀盡青囊萬卷。亦難免模糊。蓋非傳心傳眼。萬不能揣測而得也。

天元歌第二 論山龍

昔日華山陳處士。演圖太極傳當世。推原天地未分明。只在坎離水火氣。二氣盤桓不相離。清者為天濁者地。坎離一交成乾坤。制造太圜如冶鑄。黃輿乃是

之炘謹按。坎離水火二氣。為造化之總根。其義已詳言於天玉經。坎離水火中天過句。下茲不復贅。

丈按坎離水火在乾坤之先一交而乾坤成天地立萬物生一交之後坎離變為乾坤而乾坤復生坎離此即陰陽顛倒顛之義也

之炘謹按萬事萬物皆始於機其機一發則勢不可遏故能於瞬息之間遍達寰內其機之領之也奔而前騰而上忽轉忽落莫可端倪皆機使之然故明者察機智者知機

冶中灰水火煎烹積滓翳山情剛燥火所凝骨骼支撐為砥柱

首章推原渾天化生之始大地山河成象之初原註開口先言陳希夷先生演圖已暗告人用六十四卦之訣然後指示坎離水火二氣相交造成天地當天地之將成二氣盤桓正大爐之冶鑄爐中滚滚上下翻騰清濁之質各從其類清者上升濁者下降而鼓盪之氣機不可遏遂領清濁相間之凝質奔騰四竄凝質隨溢其津汁而趨下成流折轉聳跌一氣貫注遂挺峙連環於地球各面而為地

地理之學其惟知機者能之乎

之骨遂名為山故全球山脈縱橫聯絡皆為一體蓋緣當時一氣鼓盪而成也

欲識龍神先識起龍若起時勢無比高山萬仞削芙蓉千里層巒皆俯視此龍多分水木形放下犀枝行入際一枝一葉有龍神正龍端向中央去山形一起一龍分數起數分龍蓋尊龍神分去無非穴正幹偏枝力不均

此章言真龍起祖分宗枝幹之理原註

一方之山必有特起者為之祖故凡見有特起之山即知其必有真龍發脈凡此作祖之山大約大

之炘謹按凡作太祖之山或數百里一見或千里一見數千里一見只是在此一方獨此特高大則為一方之太祖其次者則為少祖蓋凡特高之山必不止發一脈四面各有出脈各為正龍正龍前行再起一祖則曰少祖少祖一起又必枇分數脈為正龍護衛故正龍為尊分龍則力量懸殊矣

形者多火兼木者亦不少而純木為祖者亦有之如龍樓鳳閣皆火形亦有火帶木者純火者則蓮臺寶殿純木者則冲天木喬岳木叢林木皆可作祖若金水土作祖者時亦有之金則曰獻天金曰雲頭金水則曰漲天水曰天際祥雲土則曰玉屏大座曰連屏曰連城然此三星大約作少祖者多作太祖者少緣金水土形不易高起故也故曰此龍多是火木形也此龍發跡前行隨即分枝枇脈各為龍神而正龍則端向中央剝換而去每起一祖必有分枝數起數分所分之龍皆正龍之護衛故

之折謹按吾昔談山脈者皆言東嶽係中幹之脈自前朝聖祖遣人察度始知泰山之脈從長白山穿海而來確而可據此大龍穿海之一證也

曰益尊也而所分枝龍亦各有穴而正偏之力迥不相侔矣

看龍看起須看斷凡屬正龍斷復斷斷時百里失真蹤穿江渡海情無限山根委曲地中行不是神仙難着眼

此章言真龍斷伏之妙

斷者所以脫濁換清從老抽嫩所謂剝換也故愈脫愈清愈抽愈嫩龍之所以貴乎斷也若百里失蹤穿江渡海是就其大幹而言此幹前行分枝批脈只是復起大山非結穴之脈也

之炘謹按蔣子此章。是言大幹正龍。出身前進。幾經起祖。幾經抽換。或千里之遠。或數百里百里之遥。折轉不知幾番。恬息不知幾度。殆至將盡。其踴躍奔騰之勢。乃更有勃不可遏之機。故往往分枝作護。諸龍不能相及。而止帶隨身兩水曲折前行。而龍氣一停。兩水遂合。則真穴成矣。然後於此地四面環顧。其作護諸龍之不能相及者。恰好在前作朝。在後作祿。在左右作護衛。望之層層繞抱。意皆我向。或作獅象龜蛇於出口。或作玉柱華表而捍門。朝山外層層高起。對鳳闕與龍樓。後山外亦層層高去。近則土辰

識得斷龍方識結。結穴元微最難說。世人求穴近大山。且要案山龍虎夾。豈知大山龍未歇。縱有富藏反走泄。真龍偏結曠野中。踴躍奔騰失舊蹤。饒他落在深山裏。也要平坡萬象空。好龍猛勇向前奔。從龍不及過關津。譬若神駒日千里。難將凡馬望其塵。亦似三春抽嫩笋。從龍如韡抱其身。一朝雷雨干霄長。節高韡落不相親。時師只怪無龍虎。真龍真虎穴中鎮。會得天然龍虎時。浪打風吹皆樂土。

此章言真龍結穴變化之奇。而辨時師畢重外砂之謬。原註

玉屏金連雲帳左右之近者則金箱玉印地庫天倉稍遠在前者則天馬前驅聯旗後擁在後者則文筆書床客堂賓座文班武列仙童仙翁左右對侍再後則仙仗積鼓展誥敕文誰知此種種諸砂各成行列者乃皆大龍來時中途所置者也若分枝之龍亦安有此哉

凡龍斷到極細極嫩處則穴不遠矣故識得斷即識得結大山雖有窩藏而龍力未歇難得真穴必落在曠野平坡方有真穴穴既落在曠野平坡安有天龍大虎相隨不過以界水分龍虎其龍虎隱在平地故時師只謂無龍虎也豈不知自有真龍虎在其旁故不怕浪打風吹也蔣子此章是論正幹之龍自出身之後批脈分枝屢經脫歇踴躍奔騰蹤跡莫測有非羣龍所能幾及者正如千軍萬馬齊行及到陣前大將軍匹馬單刀直衝向前有非偏裨小將所可及者故往往大龍將盡一脈單

行直至平陽兩水隨到而結真穴既有兩水則龍虎自在其旁不待言也至結穴之後再舉目四望則羣龍作砂皆擁衛於前後左右或在數里或在十里八里仍依然在目前也真龍結穴雖不必盡在曠野而山中真穴亦必開拓平坡山頂結穴者亦必平頂之山而後為真龍正結至山腳岡麓之穴亦有發者然不過束水得零神之力借湊而成局决非真龍正結也

龍神節節顧祖宗如子戀母遠相從若非祖山為正案另求別案配雌雄百里真龍百里案賓主威嚴真

之炘謹按但是高峰都不賤亦是山地要訣

之炘謹按龍到斷處渺無蹤跡或有石筍連連或時露石峻是大龍過峽之處時師不識誤指為水口羅星那知真

但判莫言作案便非龍但是高峰都不賤

此章言真龍相朝相顧自然之理原註

正龍結作多有回龍顧祖之穴

辨穴先須辨落脈落脈乃是穴消息項上生峰脈頭角兩邊開帳脈羽翼粗枝出細好花房老蚌生珠光滴滴也有好龍無脈者高岡平阜只粗頑彼處祖宗多脫卸數節之前骨相完大率真脈有二種連脈飛脈精神迴連脈真踪在本山飛脈他山復一湧本山定是結垂頭他山半是拋珠弄也有飛脈遠數里起伏愈多龍愈美時師只道餘氣長或作羅星水口當

豈識真龍饒變化。草灰蛇線最難詳。教君到此須求盡。真龍大盡貴非常。近山飛脈不嫌土。遠山飛脈石中數。若無真石盡浮泥。恐是人工難証取。

此章詳辨真龍出脈變態。原註

此言穴與脈本屬一氣。見脈之行度。即可知此脈前去當作何等穴。故落脈是穴之真消息也。頂上生峰。是言又起少祖。既起祖必開帳。或是龍之到頭。將要結穴。忽然頓起尊星。再抽細入首結穴。如將軍大座帳下貴人之類。又有來龍甚好。忽然無脈。只是粗頑岡阜。再往前行。卻骨相完好。此龍之

龍之變化無方也哉

之圻又按。開帳名色亦甚多。如大小飛鵞。連雲疊水。九腦芙蓉。七腦芙蓉。五腦芙蓉。八腦透空。六腦四腦透空雙腦中出。三腦三台。三腦華蓋雲母帳。水晶帳雲水帳。漲天水。蓋天雲鋸齒排雲。一林春筍九腦蓮花七腦蓮花玉展大

屛土接連城等名
過峽就有蘆花梟水水面梅
花等名亦皆無脉可尋
之断謹按山地石穴為上等
但是鑿開石面其中有土或
窩或鉗土色必異且山穴無
論土穴石穴必須有枕棺石
乃為真穴確証至土穴則必
有太極暈矣

過峽處也訣接言龍有二種一連脉一飛脉此皆
言過峽也飛脉過峽其脉不連即前所云斷復斷
也訣曰半作抛珠或有飛脉遠數里者其名如穿
泥渡水舖氈引繩草灰蛇線過阪穿田浮沈出沒
崩洪渡水馬蹄蛛絲此皆斷峽然須步步見石或
時露石崚方為的確
與君細論石中機石是山精骨髓滋時師只怕石無
穴誰知真龍石始奇真鉗真窩石內藏真龍真虎石
兩旁識得枕棺龍口石千山玉乳灌心香結穴之石
此中推行龍之石只胚胎不審其中元竅理滿山頑

石豈堪裁試言結穴有二品石穴土穴貴相爭石穴端的是窩鉗慎莫鑿傷龍骨髓土穴太極暈中色兩象分明外象隱窩鉗土色不須論太極重輪仔細尋真土原求石變化不同凡土沒精神世人鑿穴但求土若逢凡土枉勞形

此章言石土二穴真機　康註

山地土穴石穴皆有枕棺石為証余在登州為宋遂之葬其母於平山穴中一石長圓如卵約重七八千斤此石全身皆藏脂寸許滑黏不可著手此枕棺石也

之昕謹按山龍下穴以頂正龍為訣

問君下穴有何法正龍正下是真訣時師只說冲腦門每向龍旁尋倚穴精華走泄發不全左右偏枯房分絕也有真龍偏側走龍自側來穴自正此是龍神一轉頭結頂垂頭巧相稱

此章言下穴之法原註

山龍下穴雖有蓋粘倚撞吞吐浮沈八法。然須審得其來結之真情方可酌用倚穴者蓋因穴星帶煞故用倚以避其凶非可概用也倚穴半身落空半身落虛故房分偏枯令蔣子概以頂龍正葬為訣蓋認得龍真龍真自無帶煞之穴故止用正下

之旂謹按山龍結穴必先起
頂此即所謂球也

語君結頂是真訣披肝露胆為君說龍不起頂非真
龍穴不起頂非真穴結頂名為真穴星穴星圓暈產
真金世間萬寶金為貴此是真陽露妙形真龍大地
皆同體遇著真金莫放行亦有穴星兼四曜不離金
體是真精

此章言真穴起頂要訣 原註

龍為真陽之氣陽則時欲上升故在行龍即常常
起頂及臨至結穴千里來蹤忽然收鎖其氣不復
前伸自然上聚是真陽呈露之定蹤也故不起頂
即非真穴

之炘謹按接氣之法實濟世方便之門此法創自蔣子他書未見

之炘謹按接氣葬而大富貴者甚不少

識得龍真與穴真天機造化任我奪不得真龍與真穴我師更有方便訣傍枝傍脈有來情只要穴後生一突縈粘突下作穴星此又名爲接氣法人丁財祿兩豐盈亦堪衆子登黃甲君看當今富貴墳半是接氣非真結

此章言接氣穴法 原註

傍枝傍脈審其來情而得接氣之法只要穴後有一突即可接氣實爲蔣子創訣濟人妙法也驗之於地在在皆靈若必覓真龍而後葬吾知不得葬者多矣大龍能有幾耶

亦有真龍前路行腰間脊上有三停湊著龍身下一穴此作騎龍斬氣名

此章言騎龍斬關穴法 原註

之圻謹按斬關穴書有其法

斬關穴下法必須湊著龍身方能得氣

真龍餘氣本非穴撞背來時氣未絕亦有龍旁一脉垂此號流神皆可發世人見發說穴真豈意龍領剩明月

此章言不得真穴而得餘氣流神二種亦能發福 原註

之圻謹按餘氣必須來得住流神更要認得真

此皆法外之法便於濟人之術

之竹謹按穴法湊毬就脣皆因龍氣之緩急而酌得其宜有恰當其可之妙今必緊粘以防脫脉自是對中才說法

之竹謹按窩穴有生氣在窩口遂葬窩口而窩中兩水無出路乃久積其中穴乃大富貴者得生氣故也有生氣則湊毬就脣靠絃居口皆爲得法若無生氣則名曰空窩下

囑君點穴緊中粘莫嫌湊煞出毬脣得龍脫脉真元散受水乘風禍轉旋

原註

此章申言葬法不宜脫氣以下直指山穴諸忌格脫脉爲葬法之大忌故蔣子如是言之蓋深以脫脉爲忌故綫言之耳

我有真人枕中記說盡葬山諸大忌一一分明告世人廣度群迷長智意第一切忌下空窩空窩積水冥氣多葬下淤流骨腐爛子孫滅絕可奈何穴無貼肉若作空葬下雨流向穴沖水流割脚已難忍水若淋

之敗絕生氣者窩中有肥肉
隱隱如唇邊亦有顯露弦稜
者
之忻謹按山氣上行故低坦
處所有之氣皆上湊於高處
故低坦必無氣也

頭立見凶
此章言穴忌氣高 原註
凡窩穴中必有肉其有肉處即生氣所聚故穴有
正在窩中者有提上而湊毬者有趨下而就簷者
有穴居窩口者有偏倚窩左右邊者偶察其生機
所在而穴之生機者即窩之有肉處也今言空窩
是窩中全無有肉處乃死氣也焉有不凶者故比
之於淋頭割脚
第二切忌下低坦穴若低坦真情散坐後全無貼肉
星平坡滌蕩生憂患

之圻謹按四無遮攔乃風之
駐脚處于此下穴安得不凶

之圻謹按脇背下穴穴後自
不空虛氣由此過絕不少停
故不可葬

此章言穴忌低坦 原註
低則氣陰坦則氣散低坦無氣故不可葬
第三莫下天風脚高山頂上空無穴八面風搖骨作
塵此是風輪不可說
此章言穴忌天風 原註
山頂非不可葬惟四面無護天風八面來吹故凶
第四莫下龍脅背龍向他方氣不聚縱然穴後不空
虛牆頭壁下無根蒂
此章言穴忌脇背以下辨俗術之誤 原註
龍脇背無氣人所易知

之炘謹按唐一行僧造滅蠻經言淨陰淨陽後人往往用其法而不知其誤

之炘謹按先天大五行河洛數也河洛之數配在六十四卦以衰旺爲生尅不以金木火水論生尅也

恨煞堪輿萬卷經當年曾有滅蠻名陰陽兩淨名爲淨只取陰龍剝換清若是嫩龍終是嫩乾坤辰戌皆莫後若是老龍終是老巽辛亥艮未爲寶滾說貴陰而賤陽天下奇龍拼葬少

此章辨貴陰賤陽之非原註

龍之老嫩原不關於理氣

五星只取影中形九星變化亦非真撰出後天生與尅豈知先天大五行先天五行無生尅一陽變化皆太極真木原從土中生真金本是火中出語君莫怕尅胎龍木金水火原非逆

之炘謹按俗術三合家以二十四山分金木水火四局各以長生沐浴冠帶臨官帝旺衰病死墓絕胎養分布之以定吉凶而不知其無益也

之炘謹按喝形亦是古法惟精於是道者能得其真機而無差失然亦必先論龍水而得其真然後以喝形顯其用

此章辨星體五行生剋之非原註

先天大五行無生無剋沾沾論生剋者不知真五行者也

更把方龍分五行左迴右轉別陽陰生方旺地求高峻堪笑時師掌上尋生龍本有生之情死龍亦有死之形生生死死隨龍變豈在方隅順逆輪

此章辨方位五行生旺墓絕之非原註

龍之生死非方位所得拘

或取喝形來點穴此是仙人留記訣好穴難將告後人記取真形揣摸合子微玉髓巧分名只為峰巒論

非專以喝形為法度也後世
淺學胸無把握乃妄以臆見
懸揣似是而非一錯百錯又
安能得其真情也

應星若說龍胎真有相後人虛揣失真情

此章辨喝形點穴之非　原註

喝形之說古固有之蓋真龍正穴得其真情因意喝形以見真情之畢露子微玉髓經詳言其法如龜形葬肩蟹形葬目人形有仰卧側卧葬乳葬臍鳳形分正體眠體葬目葬頂他若渚雁銜蘆其情在蘆織女投梭其情在乳又若水中荷葉細求露珠浪裏蓮花包含房蕊種種形式詳在本書。今不悉舉惟先以認龍認穴為首務喝形其餘事世人望空撲影任意喝形以欺當世緣師者慎勿輕信

之炘謹按山穴直瀉直奔之水雖云不忌特在大溝之下不見不聞者可以不論若顯然有口聞漾透光更作聲響者所關亦非細也智者詳之

兩用之

山上龍神不下水先賢真訣分明語時師却把水來輪衰旺順逆紛無已誰知水法不關山失水乾飛蟲上天直瀉直奔通不忌蝦鬚蟹眼莫求全

此章辨山穴必兼水法之非 原註

山地只論龍穴堂局朝應峰巒雖亦有水相從其來口去口皆是暗藏遠者更不得見雖不得見而龜蛇獅象鎮塞水口華表玉柱對峙城門其應驗殊不一爽然既無聞漾透光之處則其衰旺生死之氣即可不論乃或有一種山穴其水透光雖山

之炘謹按不有大鴻之書引不出綺石之書雖也引出許多禍世之書究不得不歸咎於大鴻而大鴻之心亦殊快快得綺石然後大鴻心慰矣

穴亦不能不論水也只不以長生沐浴論之耳。

雲陽本是先天老衆說紛紜如雷掃血淚沾襟歌再歌天機泄盡誰人曉

此章自序得傳之正而歸重於人之信實無疑原註蔣子誠有一片救世熱心止因所著各書皆未露出真消息以故偽書疊出禍人更甚於前天耶人耶誰其任咎者

天元歌第三 論水龍、 即水龍訣

天下平洋大地多平陽龍法更如何世人盡說平陽訣都把山龍捆揣摩郭璞久分山水法平龍不與山

之圻謹按都把山龍圈揣摸一語直道破時師偽術何幾世平地尋龍者猶必沾沾以脉脊為把握耶蓋平地以無形取龍非洞悉天地一體陰陽無二之故者不能真知其中妙諦。不知其妙自然以無形可據為難信，勢必仍趨於開帳過峽之有形可據者為可信也淺學愚夫烏能窺至道之妙聽其自迷，以禍世之無德者亦天理之一端也

龍同山龍來落有根源大地平鋪一片氈首尾去來無定所分枝過峽不須言莫把高低尋起伏休言渡水與穿田

此言山龍水龍郭氏已分不容溷用一法原註開口先言平洋大地多以見平洋原有真龍以成大地不亞於山穴也然別有認龍之法非若山龍之必看分枝細尋過峽以高低起伏辨龍之行踪以渡水穿田審龍之去跡也首章即將山龍水龍殊途異執之法一一指示明白然後再暢談水龍之法以杜世人以山溷水之弊。

之炘謹按葬肉不離血即水對已又細認蹤之義

之炘謹按有止而龍自在一語識得個中之妙學者當熟玩之

之炘謹按平穴後高而絕者比比皆是人自不察耳

山是真陽神在骨水是純陰精在血山常葬骨不離肉地惟葬肉不離血人言生氣地中求豈知地氣水邊流流到水邊逢水界平原浩氣盡兜收

此言平洋乘氣之法葬必界水者平洋之氣渙散遇水而後兜收也　原註

青囊經蔣傳云水原不能止氣所以吸之使止者妙在乎界故有界始有止有止而龍自在也

山性本火主炎上水性純陰主潤下炎上高起是真龍潤下低蓄是朝宗山穴後高丁祿旺水穴後高絕無蹤

之炘謹按借山龍指示水龍明晰而確切自外入內水之止一語是水龍吃緊處

此言山平取用高低之別原註

先以後高後低為山平之別蓋平龍以坐空為正格也

水龍原不異山龍將水作山以類從水龍即是山龍樣枝幹分行事事同大江大河幹龍形小溪小澗支龍情幹水漭蕩少真穴猶如高山無真結支水屈曲情相得譬若成胎有落脈自上而下山之止自外入內水之止山龍多止止求真水龍多止止貴神凡是止形皆可穴禎山禎水盡黃金

此言平洋與山龍支幹結穴並氣之異同原註

之圻謹按水以轉為動全龍動則可以立穴雖腰腹之穴只要局勢完美不必到頭止處方為真結也然轉多雖貴但恐轉處過有分流是名漏道雖轉無取矣必轉處不分方能含蓄真龍之氣名為息道方可立穴也

山龍有枝幹水龍亦有枝幹支水屈曲有情自外入內而氣於是乎止觀其止而求之正得其恰好處是妙在心領神會非拘拘形跡者所能得也

我有水龍真要訣水龍有轉是真結直來直去龍之僵有灣有動龍之活一轉名為抱穴龍抱穴富貴在其中二轉三轉貴不歇四轉卿相不須說轉處不分名息道轉處分流名漏道惟有息道是真龍漏道多轉總成空轉水不漏皆堪穴不必止處求盡結盡結原來是龍頭轉處腰腹亦堪收龍頭偏側俱精妙腰腹完全力量優

之炘謹按此浜底進氣之說與對水認龍之法不合讀者須知

又按浜底進氣之說歸厚錄恒言之蓋是蔣子初年之說非認龍真訣也

之炘謹按沓龍外護不厭其多而總以主水一道為正龍以定穴至覆龍力量相等不分賓主只觀其情之所注以

此明水龍穴道轉結真機　凡龍脈之來活動曲折為生硬直粗遏為死定脈取穴當棄死就生平洋之地浜底進氣脈有左死右生左生右死之別凡進氣若左來必右浜長如右來必左浜長長為死短為生葬生者吉原註

轉處即是動處有轉即是全龍動轉愈多而龍愈貴止要分清息道漏道果為息道則轉處立腰腹之穴不減於到頭葬盡結也

求全不必水來多一道單纏蓄太和更有沓龍從外護愈多愈美酒添酥雖取羣龍來輔佐還從一道作

定穴也

之炘謹按平洋星體不但於穴場上論之於行龍來路亦當論之若節節相生而來斷定綿長富貴人物賢良若相

龍窠别有雌雄兩道交交時却似馬同槽此是水龍奇妙格相吞相戀禍多饒

此明水龍行度結作來氣之法在其中來運之法亦在其中原註

平洋龍訣有一道單纏有雙龍並結二格其外無論水來多少皆為外護仍以二道為主水其餘為賓如雙龍並到之格則兩水力量均齊如二馬同槽只審其相吞相戀之情以求真八

水中亦有穴龍星五曜時時現上形五曜只求金水土木形有轉土之情直木火星皆大忌水形吞吐露

魁而來雖得時得令富貴雙
全不主人丁稀少亦家室不
安或人品乖謬也

金精若應三垣並列宿官階品級最分明但取穴星
親切處不離金土蘊真靈
此明水中巒頭星體　水城有五金水土城抱身
則吉火木斜插則凶
五曜正形只求金水土者木直火尖形不蓄氣故
不取之若直來方折形雖似木而實則土也既取
金水土三者為吉何又言穴星親切處只有金土
蘊真靈而又不取水耶蓋連金為水水亦只是金
耳至於穴星星體上應星垣則又微奧難知非俗
眼所能識矣

之圻謹按騎龍則泥丸腦宮受蔭挾龍則兩脇受蔭以至腦宮攀龍則湧泉受蔭以至腦宮人之精魂含於腦故直蔭腦宮為上格兩脇去腦宮近故為次格湧泉倒蔭上至腦宮甚遠故為入次格也

之圻謹按倚龍葬法惟見永清縣斯各莊劉鐵山祖地作子山午向平田潦水自西流東轉到左手汪洋大聚直至東北左手一面皆大水照耀鐵山尊翁兄弟皆科甲居顯官此正合倚龍葬法外此未多見

五星論定穴當裁三法千秋慧眼開坐水騎龍為上格（砂水俱在穴後兜繞）挾龍倚水亦佳哉（砂水在左右環繞即左單提右單提）向水攀龍非不美（水在前朝）後山有水始無衰（坐後環繞則吉此即玉帶水也）掛角并兼三法定莫侵漏道損龍胎（言貼體本身有支流分泄）

此章直指水龍裁穴三法歸本於坐後之水而最忌漏道

平洋以坐空為正格青囊天玉寶照皆言坐空止有三陽水向一節言水向至於挾水倚龍則諸經未嘗言也今言平洋穴法三格坐水為騎龍挾水為倚龍向水為攀龍攀龍猶須後山有水方始無

之所謹按得其恰好處即是生機所在其遠近緩急之間惟能意會得之故曰難以言傳

衰竊按既用攀龍則後山之水應在百步以外方爲合法然則騎龍格向前堂局在百步以外見水亦爲合格矣

龍胎雖同稱人心遠水安墳死氣侵沾著水痕扦貼肉陰陽交度自生春

此章言水龍下穴貼水爲要蓋雖捉得脉住又恐或脱或急乘氣不的故須遠近適中始陰陽交會也原註

沾著水痕痕字要緊非緣邊蘸水爲穴也相度水之深淺短長得其氣之蔭到處爲恰好故須扦貼

之炘謹按平洋認龍之語以有形證無形對水即是此蔣子所謂地有生陽之氣者即龍也水為真陰此方有水則彼方地中生陽之氣自來相應此即龍也雖如此云而學者乃終恍惚模糊無從着手者蓋未指明枝幹之所以爾也夫古經之指示平龍者屢矣青囊上卷則曰陽以相陰陰以含陽陽生於陰柔生於剛陽本陰陰育陽天依形地附氣中卷則曰陰用陽朝陽用陰應陰陽相見形止氣蓄氣感而應天地上下相須而成一體下卷則曰外氣行形

肉也貼肉即是生機所在處此中斟酌難以言傳。在慧心人自悟得之

平原春到好栽花挹注盈盈氣脉賒。真水短時結氣短真水長時實可誇長龍定主源源貴短龍只須富豪家平氣不如環氣足龍逢轉處發萌芽更有一端分別處淺深濶狹辨龍車

此既識龍矣又須辨其長短平環等方知力量之厚薄久暫原註

長短而曰真水何者為真也水長龍即長水短龍即短此中關係甚為要緊水對三叉即城門一訣

內氣止生直說到界水則止其言龍之義雖渾括以為言而平龍之所以然已發揮殆盡曾序則顯以言之直截了當曰龍分兩片陰陽取水對三义細認踪二語言認龍之法已為傾囊倒篋一無遺義矣然猶恐不悟遂又直指之曰江南龍來江北望江西龍去望江東言與水相對即是真龍無須再為疑惑古人諄懇教人可謂至切矣奧語曰入國城門鎖正氣天玉曰山與水相對寶照曰只向水神朝處取客在西方主在東城門一訣最為良陽水陰山相配合水來當面是真龍等句具指示平龍認取之法已詳且明而學者仍終昧昧也今經家多指出三义城門與來

此三义城門之水何能如許長哉豈知三义城門之私水從大幹公水而來故公水為私水之源私水真則公水即真所謂水長百里佐君王者言公水也人知三义城門為出口不知三义城門實為入口故前章云自外入內水之止也此即蔣子所謂在濵底望出口為來者也蓋穴場兩界水合成三义出接幹水若論兩濵之水此三义固為出口若大水從大幹分來流入兩界濵底則三义豈非來口乎況從幹生枝枝之連幹未有逆揷於幹而為枝者故三义城門指為來口誠確切無疑也凡

源幹水一氣貫注三叉為魁入之水則幹水百里皆為魁入之水只要在三叉處鎖定何卦則對面之卦即為龍三叉所過之幹水如許長則龍即如許長倘幹水在外局又閃出直節須與三叉在一卦之內則為第二節龍其三節四節則不必再求也如此說來則學者可有著手之地矣然後再思各經語則皆確有着落總而言之要不過止是龍分兩片陰陽取水對三叉細認踪二語而已了卻認龍之法學者於此當如夜行得燈各各心快也

之斯又按今讀家男此論乃知張綺石先生向來透過此關

水魁入者為真三叉城門既收魁入其來源大幹即與三叉城門挹彼注茲同為一體則幹水百里亦皆魁入之水矣此水長則發久短則不久一定之理也倘此幹水在外局又特現出直節自穴上望之光明照耀又與三叉城門同在魁入一卦之內則又是龍之外節若如此則平洋上上龍矣有此一節再不必遠求故天玉曰三節四節不須拘也平氣者直來直去之水也環氣者轉環玉帶水也水轉則氣動圓則氣和逢動而和放發萌芽然地不一端水無定式倘內無兩界以合三叉止一

之炘謹按。秀龍癡龍。惟在得運。惟以癡龍作後蔭。力量優長。此則蔣子發前人所未發

遁纏來抱穴流轉。則又何所據以辨其真不真哉。此必同中求異。有獨深獨濶之處。舉目豁然透光濶深。此亦城門之一例也。龍車者運也。運有上中下三元之衰旺。故須辨之。以分得失。蓋龍水以得運為真。失運為不真。故必貴乎真水之挹注盈盈也

水若來車號秀龍。空車湖蕩是癡龍。得運秀龍能富貴。外情內氣要相通。帶秀癡龍亦顯赫。癡龍後蔭亦無窮。

此明龍之癡秀。兼湖蕩癡龍穴法。 以上皆論水

之斯謹按此只言當知六十
四卦之義。

龍巒頭體格原註

乘車得運也失運為空車湖蕩曠濶故號癡龍癡龍生出枝脚而得運即為帶秀外情內氣龍水向也要相通者同在一卦之內也癡龍後陰深濶寬廣敌力量優長

水龍剖盡骨生香妙用元機不可量。八卦三元并九曜毫厘舛錯落空亡問君八卦如何取洛書大數先天矩五帝三王緯地書九州九井皆從此只把旁龍一卦裝莫從三入分條理須識水龍龍骨真骨若不真龍不起

之炘謹按用地所以必取父
母主持者懼速敗也

此明水龍理氣當專主八卦方為合法 原註
此論三元九運必以六十四卦配洛書數方得妙
用元機不憑三八二十四山為用
九星八卦貴乘時上下三元各有宜葬著旺龍當代
發葬著平龍發跡遲葬著死龍憂敗絕縱然合格也
難支不是八神齊到穴出元之局莫相依
此明元運衰旺之重 原註
入神父母卦也父母之力悠久延長雖出旺入衰
尚可保全不即速替
定穴惟看貼水城毫厘尺寸要分明要有照神能奪

之炘謹按宮神照神氣可相奪或變凶為吉或變吉為凶所關非細也世人往往只在宮神上著眼照神甚顯彷彿未見着那知眼光太小彼顯然透光之照神乃真未之見也照神在彼不之見是安得以對脈論來情之法强以語之哉

氣外洋光透失宮星宮星若重平分勢照神若重獨持衡外照過多分氣亂局神不定運多更還有水龍真妙訣只將對脈論來情來情若在真元位諸局參差一半輕轉折短長純雜處此中消息眼惺惺

此又明宮照二神兩歸重於來情之水得運為主

原註

前章說出真水二字猶是渾括語此章於宮神照神分別之後始鄭重說出水龍真正妙訣只是對脈論來情也直到此處方纔點醒認龍要訣識此要訣則濱底進氣及八方局氣等法顯屬下乘矣惟

之所謹按此章以向首一神災福柄去來二口死生門二語為紀要之言向首必須生入二口必須尅入固也然坐空之穴向取生入而向空之穴又與水同論亦取尅入矣又凡有一水必有去來二口然立穴内口為一地之主於此以定龍則此口雖為內水之去口實為入內之來口是此一口卻兼去來二義故尤為關繫此外則幹水之去來為外城門一望豁然所關亦重尅入則吉尅出則凶故謂為死生門言當慎也

此真水務須要於轉折處加意辨其短長純雜以詳趨避最為不可忽者

三元既辨龍神旺九曜不絕龍力丧此是山家大五行納甲爻中應天象五行九曜轉乾坤稟命天樞萬化根在天北斗司元氣在地八卦顯天心四吉四凶分順逆父母二卦顛倒輪向首一神災福柄去來二口死生門青囊萬卷無非假三合黃泉枉問津能將九曜為喉舌大地真精一口吞

此明九星挨卦之重　以上論龍水理氣作法　原註

九曜不純即出卦之謂此章言九星九運皆須按

六十四卦挨排六十四卦每宮八卦四卦當運為吉四卦不當運為凶而四卦之中各有一父母卦在其父母則二三四運以九運為父母六七八運以一運為父母故曰顛倒輪乃又指其要曰向首一神為災福之柄去來二口為生死之門生入尅入不可誤也

更說高原無水地亦有真穴隱其際乘高臨下即江河萬頃低平能界氣高低數尺合三元一旦榮華諸福聚若坐低空在後山數世資裘常不替

此又言原隰之穴原註

之炘謹按以低為水與水同效後坐低空亦騎龍上格

之炘謹按無水用風蓋經文言外之義但讀經者粗心不及察耳故蔣傳曰風原不能散氣所以嘘之使散者病在乎乘水原不能止氣所以吸之使止者妙在乎界觀此則知風與水皆行氣之物不分優劣故無水則用風非創說也

平原無水之地原與平洋有水之地同論並無二法無非高者為山低者為水即俗言高一寸為山低一寸為水者是也竊嘗論之天地之間無非一氣氣之動者常與氣之靜者為使靜則常主於無動則常着於有故風者氣之有聲者也水者氣之有形者也凡溝渠港汊之內皆走水之地即皆通風之地也故凡乾流有水時用水無水時用風水作界以約氣風亦可以作界約氣也經曰氣乘風則散界水則止古文一筆兩面則乘水則散界風則止一面不必重言即可見義故風與水無優劣

之圻又按以天約地而地氣即止與風水界氣同一義而理更入微

之圻謹按凡物屢見不鮮稀着為貴故平原無水見點滴即有神功

之分皆行氣約氣之物也故平原無水之地皆用風之地與用水無異也然此用水用風之說猶只是為中人說法不過借形聲之有據者以為言其理尚易曉耳其所以然之故則猶不在是也夫地上皆天地凸則天凹地凹則天凸凡溝渠港汊以及平田低潦皆地之凹處即皆天之凸處也以地之凹容天之凸即以天之凸約地之凹而其氣遂止

江北中條平地蹤無山切莫強求龍雖是乾流無水道溝渠點滴有神功隱隱微茫藏界水葬法實與江

之炘謹按三叉城門對以取龍者為真水

之炘謹按此恐人將山隙平田仍用山法

河同我向乾流指真水能使上士豁心胸。

此又言江北平陽之龍穴。原註

無山切莫強求龍一語。以正告天下。學者勿忽。隨

又指出真水二字。來使人知所要也。

高上坦處近平田。莫作山龍一例看。若遇乾流或水

際亦將此法論三元。

此又言高山平陽。以上三節。論無水平陽與有

水平洋一樣看法。原註

高山中往往閃出平田一二里。或二三里。此當用

平陽法。勿得仍用山法。

之炘謹按世人皆謂山中有好穴平地無好穴特不識平地之好穴耳蔣子謂葬水勝葬山豈妄語哉

之炘謹按修補之法家男常為人作此以取應無不驗者

若論葬水勝葬山葬山歲久氣方聯葬水秀龍兼旺運三年九載透天關山本陽精中抱陰陰精是水陽內存葬陽得陰陰漸長葬陰得陽陽驟伸

此言平洋發速勝於葬山　原註

水是陰陰中有陽葬陰得陽者陽來應陰陽速故主發速

從來水路後天成不同山骨先天生山骨培補終不應水脈疏濬引真情當年無說修龍法修者之法旦夕靈莫道人工遜天巧江淮河漢禹功成

末段又言裁剪之法　原註

之圻謹按蔣子水龍訣法得自楊公水龍經今書市所賣水龍經有蔣子緞言然無甚妙處

人工疏濬最是巧法然亦須其地原有規模然後圖之以為增損

楊公昔日救貧法記取三元非浪說陰陽消長互相根無著禪師親口訣杜陵狂客不勝愁四十無家浪白頭水龍一卷贈知己大地陽春及早收

夫平洋捉脉寓有形於無形呈無象於有象是是非非一片化機苟捕風捉影望洋渺渺何處著手余早知楊公有水龍經二卷訪之十年終不可得近於西陵顧氏家得之洵渡人寶筏也惜趙壁未全似非完美但舉一反三觸目皆是正不貴多多

益善也。漫演歌訣。聊當樵歌漁唱。然自此披尋陽和大地。亦復不遠云。　蔣平階大鴻氏又識

此篇論水龍之訣。多古經所未言。誠平原善本也。然其言皆半吐半露。令學者無處摸捜。余不憚冒昧。逐一皆發其蘊。俾後學好有著手處。庶可不蹈俗傳之誤。則幸甚

天元歌第四　論陽宅

人生最重是陽基。却與墳塋福力齊。宅氣不寧招禍咎。骨埋真穴貴難期。建國定都關治亂。築城置鎮係安危。試看田舍豐盈者。半是陽基偶合宜。

之圻謹按。水龍訣法。舉世曚瞶。吾舅於蔣氏五歌論而闢言之。誠渡迷寶筏也。學者勿忽視之。

之圻謹按。陽宅書無善本。家舅因慨陽宅之失傳。乃作陽宅覺一書。一時讀者稱快。而陽宅始有真書。今讀蔣子此歌。大致與陽宅覺相表裏。惟蔣子不肯說明六十四卦。徒

覺令人生悶耳

之忻謹按陽宅覺謂陽基只取浮空之氣故不爭秀麗而喜粗雄惟大蕩大河方能揮動浮空之氣

首章言陽宅與陰地並重原註

半是陽基偶合宜一語寔從閱歷中來蓋陽宅無真書陽宅之書者無端而遇之耳

陽基擇地陰龍同不用前篇議論重但比陰基宜濶大不爭秀麗喜粗雄大蕩大河收氣厚涓涓滴水不闊風若得亂流如織錦不分元運亦亨通

此言陽基龍法亦如水龍故不復論但取向濶大乃可容受若衆水合聚則八神齊到三元不敗原註

亂流齊到亦須合運未可概謂吉也或當雜氣更凶不可不慎

之圻謹按門氣非止三門當論最關緊者猶有內房門旁門非不可留當審卦路留之陽宅覺詳其法

之圻謹按此內路外路陽宅覺盡詳其法

宅龍論地水神裁尤重三元八卦排只取三元生旺氣引他入室是胚胎一門乘旺兩門囚少有嘉祥不可留兩門交慶一門休大事歡欣小事愁須用門門多吉位全家福祿永無憂三門先把正門量後門房門一樣裝別有旁門并側戶一通外氣即紛張設若便門無好位一門獨出始為强

此章言陽宅門氣原註

三門言正門房門後門也三元生旺氣底須倒排非正用也余著有陽宅覺盡詳其說茲不贅

門為宅骨路為筋筋骨交連血氣均若是吉門兼惡

路醱漿入酪不堪斟內路常兼外路看宅深內路
柢門欄外路近神並界氣迎風界水兩重關
此言陽宅路氣原註
內路外路均當合卦避雜氣最緊要
更有天風通八氣牆空屋缺皆難避若遇祥風福便
增一逢煞氣災殃至
此言陽宅風氣原註
此言空缺也詳陽宅覺
矗矗高高名嶠星樓臺殿閣一同評或在身旁或遠
應能迴八氣到家庭嶠壓旺方能受蔭嶠壓凶方鬼

之炘謹按高處空缺最要緊吾族有浮屠樹於宅後者向東北其西南坤方有兩高牆夾出一口來正在坤方雜氣其樞前半截木皆成炭後半截此氣不及木仍完好此天風之謂也詳陽宅覺

之炘謹按嶠星有返氣迴風

之炘謹按冲橋冲路陽宅覺無再餘附見於内路外路條内

之炘謹按逼氣不僅在高峰

氣侵

此言陽宅嶠氣原註

嶠星關係甚重當審其遠近

冲橋冲路莫輕猜須與元龍一例排冲起樂宮無價寳冲起囚宮化作灰

此言陽宅冲氣原註

冲氣即路氣直冲氣冲則應速故特言之

宅前逼近有奇峰不分衰旺皆成凶指頭尺尺巍峩起泰山倒壓有何功

此言陽宅逼氣原註

之炘謹按地水言地中大水也非雨滴之水

之炘謹按堂門向左右兩內室之門定卦左右各一卦則堂門一門是作兩門推算也

逼氣入宅太猛故凶出宅不暢亦凶

村居曠野無攔鎖地水兼門一同取城巷稠居地水寬路衢門嶠並司權

此言城市鄉村之異原註

野居門臨潢潦水可有權城市稠居本無大水可論若或適當寬濶空地有積水亦應吉凶

一到分房宅氣移一門恆作兩門推有時內路作外路入室和門是握機當辨親踈并遠近抽爻換象出神奇

此言陽宅分房之異原註

之圻謹按内房為親切之地尤當審慎

之圻謹按陽宅覺極重坐向以坐向定卦以別興廢無有不驗此言不重坐向以門為氣口能變化坐向之氣不可菲

又元子曰亦有門氣應奪命氣者不可概論

尺寸移動門改卦移即抽爻換象

論屋神祠理最嚴古人營屋廟為先夫婦内房尤特重陰陽配合宅根源

此言神祠寢室為更重 原註

總要陰陽配合為關繫

入宅因門坐向空三元衰旺定真蹤運遇遷流宅氣改人家興廢巧相逢

此言入宅以門為定不取坐向即氣口反為呼吸之義而歸重於三元衰旺故宅有隨時興廢之別 原註

陽宅以宅命定卦以坐向定宅命者十之八九不以坐向定宅命而另取宅命者十之二三坐向所關甚重不可不論

此是周公真八宅無著大士傳流的天醫福德莫安排誰見遊年獲福澤達與鬼絕更昌隆遇替生延皆困迫太歲神煞若交臨禍福當關如霹靂門内間間有宅神值神值星交互測此是遊年剖斷機不合三元總虛擲

此言小遊神翻卦之謬原註

挨星三元是真八宅

之炘謹按此條陽宅覺未載然已括於空閑法內

之炘謹按僑居客館或小住廟堂皆當辨其衰旺而居之

九星層進論高低間架先天卦數推雖有書傳多不驗漫勞大匠用心機

此辨層進九星間架卦數之非原註

山龍宅法有何功四面山圍亦辨風或有山溪來界合兼風兼水兩相從若論來龍休論結結龍藏穴不藏宮縱使京都并郡邑只審開陽不審龍

此言中宅法原註

山宅大概與平地之宅無別惟聚有山四面包裹僅有一面或兩面透風者當審其空閑

陰居蔭骨及兒孫陽宅氤氳養此身偶爾僑居并客

館庵堂香火有神靈關着三元輪旺氣吉凶如響不
容情透明此卷天元宅一到人家識廢興

此言陽宅福蔭生人視陰宅較速凡有栖身不可
不慎 原註

此論陽宅一篇法亦甚備惟不指明六十四卦令
讀者無處著手此陽宅覺所以作也

天元歌第五 論選擇

諸家選擇盡虛傳斗首元辰失主張奇遁演禽消倒
亂不經真授莫猜詳

前言諸家選擇之非 原註

之所謂按選擇為星家之術世無真書只以偽造諸筆神煞以別吉凶殊無實驗又有奇遁演禽為選擇者亦非真奇門致亦無用

之所謹按七政選擇法實依日月五星所躔之度定格以照命照穴非若干支之捕空捕影也。

選擇為造葬吉凶所係世少真傳書皆偽術實難取用

世人尅擇用干支化命生辰各操政豈知死者已無權反氣入地為復命復命能司造化神生者命從葬者定故有仙人造命訣不是干支子評法渾天寶照候天星此是楊公親口說不怕三煞與都天陰府空亡俱抹煞年尅壓命有何妨退氣全神皆滅沒一卷天元烏兔經留與人間作寶筏

此直指選擇造命之法而歸重於天星可廢一切神煞拘忌之說原註

之炘謹按。天地間。惟陽氣主持。陰不過是陽之對面。原非二也。雖五行紛紜。亦只是陽中之氣。又有何神煞之名色也哉。

造命者為所修之工作造一命也。故造事以卯安命。葬事以酉安命。蓋卯為日出之方。陽氣所發洩也。故凡生人之事皆安命於卯。酉為日入之方。陰氣所歸藏也。故凡葬事皆安命於酉。法詳後註

太極始判兩儀分。其中日月是真精。金烏玉兔本一物。五星四餘從此生。聖人觀象演歷法。干支甲子作天經。五行俱是陽中氣。神煞何曾有別名。只將日月司元化。萬象森羅在掌心

此言造命天星以日月為主原註

世間萬物各有命。不但生人男女定。造物制器可同

之炘謹按造命所重在時若寅誤為卯則日月五星宮度皆移非所取用之星矣故時作主也

推修造葬埋咸取証日月五星大象同一時入刻一移宮造命元機時作主毫厘千里不相通

此言萬事萬物各有命而其機在時原註造葬安命取卯酉者非為造者葬者之生人亡人安命蓋為所造之宅所造之穴安命也所造之宅安個好命生人居之得其吉所葬之穴安個好命亡人居之受其蔭所造之宅所修之穴占於何宮何度擇得此時天上有用之星至其時皆照耀於宅穴所占之宮度而造葬既成其來照之精光常留而不去則造命之謂也若時刻一差則有用之

之炘謹按六度分疆是此宮末三度相聯彼宮初三度共為六度也或誤以每宮初末各六度為淺者非

星皆他移不照於此或者更有忌難之星反來相照則禍福迴別故曰毫厘千里也

先將晝夜別陰陽晝夜晨昏出沒詳十二宮中三十度大約六度是分疆二十八宿七政明論宮論度要平分深則論宮淺論度一分一杪不容情命入躔宮變五氣日月隨命分五行五曜四餘扶日月生尅衰旺準天秤最取用星為福曜有恩有用作干城若用專權為上格忌星一雜福斯輕

此論十二宮分度躔命五行而歸重於恩用原註選擇之法以晝夜別陰陽日月有晨昏度大概卯

之所謹按。夏至以後為陰令。
用取火羅。冬至以後為陽令。

以後為晝為陽戌以後為夜為陰再合陰令陽令
以定用星陽令以金水為用。陰令以火羅為用。又
晝用金水夜用火羅。其義一也。十二宮每宮以三
十度為率。每宮前後各三度。為入宮淺。當論度主。
過此三度。為入宮深。則論宮主。前後各三度。故六
度是分疆也。安命之度。以日躔為定。視日躔入宮
淺深之度。以定安命入宮淺深之度。或取度主。或
取宮主。各有五行所屬。以別恩仇。如得用星為恩
極為上格。但恐忌星相雜也

用曜一星落何處陽時陰候分邊際冬夏二至陰陽

周啟金水孛春秋二分爲平氣金水孛火羅並用然冬至以後雖爲陽令而天氣正寒豈遂以水孛爲用夏至以後雖爲陰令而暑氣未退豈遂以火羅爲用耶須知春秋二分爲平氣尚不專以水火爲用而兼用之豈反在分前而專用之乎今此章春在分後須陰助秋在分後宜陽輔二語極爲明晰

極春秋二分是平氣平氣陰陽用可兼尤看晝夜與宮躔晷過平氣陰陽別當極之時禍福專陽令爲用金孛水陰令爲用羅與火秋木獨宜水兼孛春土火羅金計土春在分後須陰助秋在分後宜陽輔

此專論四時用忌之各異 原註

古法云冬至後爲陽令夏至後爲陰令陰令用火羅陽令用水孛二分爲平氣水火兼用說理則是而於用則非如有粗心而信古者夏至後遂用火羅豈不誤乎今此章措語極穩妥而明晰言二至陽陰極二分爲平氣春在分後須陰助秋在分後

之炘謹按此節論格歸重到
有情二字

宜陽輔令人一見了然雖祖心亦不至有悞

宮辰星體兩兼收度前度後要深求。尤向五星探伏現逆來順去并遲留。三方對照緊相隨。同宮隔宮一例推。拱夾有情權力大。日月交映格尤奇。

此備言宮星恩用諸格正變之法 原註

宮言宮主度言度主所用之星在宮主度前為引在度後為從且五星各有伏逆遲留均為無力雖用之無益至於格局三合為拱照左右為夾照左右或隔一宮照或四正照或對照或同宮照或日月三合拱山向拱命宮拱命主或五星有用者拱

之炘謹按此將取星利弊一一指明以便趨避

夾日月日月拱夾山向命宮俱為合格然必須有情方為得力有情者如三合拱照一星在寅十度一星在戌十二度安命在午宮十三度或九度均不差過三度為有情若隔四度以外則為無情雖在其宮而光不及矣

身當旺令不須恩但將用曜作根源平令獨恩難發達衰時得用光無懲以恩為用真至寶以難為用多顛倒以恩為忌壽而貧以難為忌身不保

此言恩用離合之法 原註

身當旺令者如金為命主秋用事則不必再取土

為恩金太過則燥用曜者如陽令以金水孛為用也。平令者。如木當秋令雖有水星為恩亦難得力必須火羅以溫水木而尅金方能發達也如火衰於秋而火羅為用以恩為用者如時當陽令而命主為木水孛為用而即為恩也以難為用者如時當陽令火為命主水孛為用星水孛為火之難星又時以為用者也以恩為忌者如陽令土為命主土以火為恩星陽令以火為忌星是也以難為忌者如陰令忌水孛而火為命主是也

本宮端的管初年宮若不純須舍旃必取宮身俱妙

之炘謹按本宮不純其應最速慎之慎之

之炘謹按暗曜有吉有凶亦無非拱夾之格局而已

合長發花滿好揚鞭

此言宮星並重之妙原註

本宮者命主所居之宮也本宮之內若有仇難等星即為不純必須舍此另擇而擇其恩用相資者用之則得矣

就中暗曜最難知空地翻同實地司寅戌兩宮光在午丑亥二曜子中依

此言暗曜變格原註

命在午寅戌有星拱照命在子亥丑有星夾照或戌寅有星隔宮夾照或酉卯有星四正夾照皆名

之炘謹按橫天交氣無非加之美名以動聽其實只是隔一宮照隔兩宮照之格

之炘謹按日月食及太白經天皆天之大變逢之凶

暗曜

更有橫天交氣法寅申有曜亥中忌巳丑卯宮丑未酉短長多寡度中移

此言橫天交氣法兩借亥卯酉三宮為例原註

此即四正照與隔一宮照之例

月逢晦朔皆為福何必蟾光三五圓但忌陰陽當薄蝕七日之内勿爭先太白晝見經天日雖有恩星失柄權

此論薄蝕經天皆所忌原註

月雖無光其實光在上面故一樣可用若日食月

之炘謹按星書多種皆以果老為師宗其閒每多附會固不若只取恩用之拱夾對照度數均停陰令陽令晝時夜時得其所宜殊為簡當

食前七日後七日皆不可用事太白經天尤為天變一例當避之

果老星宗此的傳星書卷卷失真銓諸般格局皆虛假升殿入垣莫掛牽

此辨星書諸格之謬原註

星書諸般格局瑣碎甚多凡日月五星躔其所主之宮為入垣如日躔午宮月躔未宮木躔寅亥水躔巳申之類日月五星躔其所主之度為升殿如日躔星房虛昴月躔心危畢張木躔角斗奎井之類其實用之無益只取恩用忌難以別取舍拱夾

對照以求實用則果老真傳也

無奈星家多失學增添宜忌漫誇張天元秘旨今朝啟細察天心造命詳

本推原造命本於天官曆法　原註

此無深義

俚句流傳實堂言雲陽五曲號天元其中奧旨須尋味慎莫差訛累後賢

此總結五篇而致其叮嚀之意　原註

選擇原註

擇日之法在於善候天星而化命不與焉蓋人死

時師選擇必追求化命之生年○以較生尅空捺影之談殊無義理世人迷惘究不知其無益原註闡之宜哉

造命之法易知造命之用難知○蓋緣古書鮮傳其法未詳其用○故人不知也人造命貴在用時固也此一時八刻延長無幾○或造或葬將此所擇之時○應用在造葬之何時乎此中之秘古無傳書聽說紛紛○難求一是今讀此原註曰求穴之前猶如太虛渾漠無着鑿而穴之則如混沌之初開萬象之初立地之靈氣有所依附如人之初出胎然此解是講解造命之所以然而用時之秘已隱寓於中一旦

則形消氣返有生之理已終而復追求其始生之年以配四柱忌其沖犯避其凶煞求其生旺擇其祿貴此真不明理之言也大凡人事莫不因乎天而成乎地鑿穴而深藏之所以受地氣度日時而後下所以受天氣故古人謂之造命造命謂何山水龍向本自天然然求穴之前猶如太虛渾漠無着鑿而穴之則如混沌之初開萬象之初立地之靈氣有所依附如人之初出胎然後此之殃祥從此時始致謂之造命也造命之法以日月忌用之擬夾定格以晝夜陰陽之分宮定向以格局定日

豁然昌勝快足蓋天地本一體不動則不應動則應也渾然一地忽爾鑿之是爲動機地既有動天必來應當此之時諸吉照耀與之合度而地之動氣與諸吉之光感應交合而爲一凝結不解遂成永久無論諸吉移轉於何方而其光乃常注於此地光不得混入也然則用時之法得其奧矣爰急書之以告學者

以日之躔度定時以時定命以命定恩以二至二分之時令定用審山向之偏正論入宮之深淺推卦氣之衰旺觀穴形之强弱日暖風和月明星朗雲霧不生山川明媚則天精地華合爲一氣而毓秀無疑矣至於應驗之期總以三合弔冲填實之年月斷之若夫諸家神煞在所不拘神煞雖多不能出於五行之外五行有日月星以爲之主五星又生於日月之兩儀天地雖廣經之以度但得日月五星到度又何神煞之有雲間蔣大鴻所著天元第五歌專論造命錄而註之

星書以太陽所躔之宮名為月將。造命之法。以月將加時。順數至卯立造命。至酉立葬命。蓋太陽所躔何宮。一月之內。常在此宮。不能移易。如正月太陽躔亥。於中氣節後過亥宮。每日行一度有奇。至二月中氣節後過戌宮。如躔亥則日到地盤何宮。即是亥到何宮。此月將加時之說也。而果老星宗。批論子平之法。則以生時加於月將之上。順數過卯立命。用其法推人之窮通壽夭。其應如響。於此不能無疑焉。夫天主動。地主靜。故以天盤為動盤。地盤為靜盤。太陽日一周天。太陽行到地盤某宮。即是某時。此至理也。若以生時加於月將之上。而順數。則是地動天不動矣。殊

造命之法。所重在時。以太陽所躔之度。加時宮度推之。蓋陰陽晝夜時刻之分。祇在於日。日出則明而為晝。以行化於天。日入則晦而為夜。以肩精於地。是以造命立於卯。取日出而發生之義。葬命立於酉。取日入而成胎之義。假如冬至後。日躔箕斗之度在丑宮。若用丑時。則宮辰不動。造日立命於卯屬火。葬日立命於酉屬金。若用寅時則日同箕斗之宿。已在寅宮。而寅宮心尾之宿。亦移而至卯。申宮昴畢之宿。亦移而至酉。則造日當立命於寅屬木。葬日當立命於申屬水。其餘倣此推之。十二

覺於理未安然以之斷論人生吉凶無不響應者則又何也或為解曰以地對天言則天動而地靜造葬之事皆有動機在地則為地之事故以月將加於時上順數以應天動地靜之義若人則立於地上參於天中以人對天地言則天靜而地動蓋人立地不移而有朝夕是地動也歐西人謂太陽不動而地球旋轉即此義地動天不動故以生時加於月將之上順數以應天靜地動之義故兩用之而各有明驗也余笑應之而不敢臆斷姑存其說以俟知者之炘謹按以常理推之終以地靜天動為確論吾人選擇造葬之日仍當以月將加於時上順數為是果老子平之

宮辰所屬以午未為天子丑為地寅亥卯戌辰酉巳申則自下而上以春夏秋冬配之蓋取日月相對之義故寅為春木而申為冬水也吳下風俗多作壽坟其立命宜同造日若用葬日於理未安此段註世間萬物各有命生毫厘千里不相通下

先查四時日出日入之時刻以分晝夜晝宜立何命得太陽有情夜宜立何命得太陰有情而立命之宮又當辨其淺深不可約畧了事如周天有三百六十五度四分度之一以十二宮分之一宮約有三十度零共兩宮分界之間約跨六度宮氣不

法存而不論可也
立命必視入宮淺深以定恩難所關最緊。蓋宮主度主所屬不同宮主之恩或即度主之難。一錯百錯禍福殊途必須詳考度分定準現時之量天尺按度核算庶無差誤

清以兩宮平分之則一宮得三度以一宮前後共計之則有六度不清之氣若立命值此六度之中。只可作度主論出此六度入宮已深方作宮主。假如冬至後日躔箕四度前一日三度過丑宮。葬日用午時則日同丑宮箕星到巳寅宮宿到午。卯宮宿到未辰宮軫角宿到申漸次將沒立命當在辰宮屬金以太陽入丑止二度則辰宮立命。亦止二度翼九度過辰則立命當在翼十度。入宮淺。只可作巽火論不得作辰金論矣其同一午時之中。又有刻數之差若用午初一二刻則日之入午宮淺

兩旁者。一宮之初三度末三度也。

而辰之入酉宮亦淺其酉宮前二十餘度還是巳宮張翼所占。則巳宮之水氣多。而辰宮之金氣少亦不得作辰金論。若作巳宮水命。則巳宮立命。當在星六。已過辰宮。又不得作水命論也。金命以土為恩。水命以土為煞。宮分不清。則立命不準。而恩用無憑。禍福之分。毫厘千里。故一分一秒不容情也。大凡太陽躔度。在一宮之中。則宮分易清。若躔兩旁。最易混亂。宜細推之。此段註先將晝夜別陰陽。至一分一秒不容情。

立命之法。全視恩用。恩用有情。方可立命。要取用

冬至陽生故曰陽令然尚在春分平氣之大先且莫遂取水孛為用夏至陰生故曰陰令然尚在秋分平氣之大先且莫遂取火羅為用
晝忌火羅夜忌土計

星須看節候冬至後為陽令夏至後為陰令春秋二分陰陽之氣平分則陰陽用星可以兼收然亦有分別陽用宜晝陰用宜夜而用星之與宮主又要看其生尅何如則宜生宮而為恩不宜尅宮而為難也冬至後以金水孛為用夏至後以火羅為用冬至後為陽令夏至後為陰令比及時得用之星故曰用星秋月立命寅亥屬木受尅於金則取水孛有情為恩水孛雖非用星以木命受尅不得不用之也春月立命子丑屬土受尅於木則取火羅有情為恩火羅雖非用星以土命受尅不得不用

之也金剋木而有水孛則金為恩之恩木剋土而有火羅則木為恩之恩所云化煞為恩之妙如此若春月立命辰酉屬金金氣正衰則取土計雙拱以育之土計雖受制於春木而見金則無害是以衰旺本無一定恩仇亦可互通隨時應用何必拘拘於某節某候而後用日哉此段註命入躔宮變五氣至秋在分後宜

陽輔

下

宮辰即立命之宮主也星體即所葬本山之形也在天成象在地成形本是一氣貫通故本山之星體不可不辨其取恩用與立命同須兼收而不相

還命以拱命拱山照向三者為要今又推到本山星體立法周密

之炘謹按本山星體方為土曲為水圓為金亦當恩以助之用以扶之尤為完美

立命之宮不可有星相雜本山之宮亦然

之炘謹按本山即山向之山星值伏逆遲留則無力故不能為吉凶也

之炘謹按伏者與太陽合度也順逆遲留者皆就星之本輪而言蓋凡星皆有本輪本輪體大其光發於本輪之一角本輪旋轉其光隨之上下當先在輪之上面則人望之與天順則謂之順行光在輪之兩旁則人望之如不動則謂之留當先在輪之四角人望之雖行而緩則謂之遲當

背為上而立命之宮與本山之宮俱要乾净不許有仇難星侵占有則宜另擇故要深求至於五星惟以順現為吉遲留伏逆俱為無力故仇難之星而遲留伏逆則不能為凶恩用之星而遲留伏逆則亦不能為吉也此段註宮辰星體而兼收四句以下

凡立命何宮必須取一格局方為有情假如子宮立命恩用之星在申辰兩宮為三方在午宮為對照在子為同宮在亥丑為隔宮其三方隔宮要恩用雙到方為合格如恩用在申而辰空恩用在丑而亥空并所空之宮別星占住俱不合格挨

光在輪之下面則人望之與天逆則謂之逆也其實星之本輪則常常順行並無他異也

夾者或恩用拱夾日月或日月拱夾恩用或日月同恩用分立兩邊拱夾命宮為有情有力此段註三方對發緊相四句

凡氣旺則無藉於恩如春木得火而溫安用水孛秋金得水而清不資土計惟氣衰者須恩用雙濟為美尅命者為難尅用者為忌此段註身當旺令不須恩八句

又本宮所係至重必要純粹只取乾淨不妨空白但得他宮有星其光來照自然有情假如子宮立命日月恩用俱在子則為同宮相照如子宮空白而日月恩用在丑亥則為隔宮夾照在寅戌則為

屢舉格式學者可以隅反。

隔兩宮夾照在卯酉為四正拱照在申辰為三方吊照在午為對照凡拱夾之格兩邊宮內不宜一邊有星一邊無星宮星不宜一邊太多一邊太少星之躔度不宜一邊太遠一邊太近假如下元癸卯年八月十二丁未日子時葬酉山日躔巳月躔丑寅宮立命屬木雙恩伴日月三方拱照此秋木用水孛之一格也又如下元甲辰年正月初十癸酉日巳時葬戌山日躔子月躔申計在巳土在卯辰宮立命屬金雙恩夾命日月三方照命隔一宮照山此春金用土計之一格也又如上元庚戌年

七月十二乙卯日巳時葬酉山日躔巳月躔丑土躔亥計躔未金水夾日火羅夾月酉山酉命屬金滿局拱照此秋分前後火羅金水並用之法也又如上元庚戌年九月十六壬午日卯時日躔卯月躔酉土在亥計在未酉宮立命屬金日月四正拱山向坐對照命雙恩拱日夾月以此推之凡一月必有數日合好格者在人善用之而已此段註本宮端的管初年以下

占筮類			
1	擲地金聲搜精秘訣	心一堂編	沈氏研易樓藏稀見易占秘鈔本
2	卜易拆字秘傳百日通	心一堂編	
3	易占陽宅六十四卦秘斷	心一堂編	火珠林占陽宅風水秘鈔本
星命類			
4	斗數宣微	【民國】王裁珊	民初最重要斗數著述之一；未刪改本
5	斗數觀測錄	【民國】王裁珊	失傳民初斗數重要著作
6	《地星會源》《斗數綱要》合刊	心一堂編	失傳的第三種飛星斗數
7	《斗數秘鈔》《紫微斗數之捷徑》合刊	心一堂編	珍稀「紫微斗數」舊鈔秘本
8	斗數演例	心一堂編	
9	紫微斗數全書（清初刻原本）	題【宋】陳希夷	斗數全書本來面目；有別於錯誤極多的坊本
10-12	鐵板神數（清刻足本）——附秘鈔密碼表	題【宋】邵雍	無錯漏原版 秘鈔密碼表 首次公開！
13-15	蠢子數纏度	題【宋】邵雍	蠢子數連密碼表 打破數百年秘傳 首次公開！
16-19	皇極數	題【宋】邵雍	清鈔孤本附起例及完整密碼表 研究神數必讀！
20-21	邵夫子先天神數	題【宋】邵雍	附手鈔密碼表 研究神數必讀！
22	八刻分經定數（密碼表）	題【宋】邵雍	皇極數另一版本；附手鈔密碼表
23	新命理探原	【民國】袁樹珊	子平命理必讀教科書！
24-25	袁氏命譜	【民國】袁樹珊	
26	韋氏命學講義	【民國】韋千里	民初二大命理家南袁北韋
27	千里命稿	【民國】韋千里	北韋之命理經典
28	精選命理約言	【民國】韋千里	
29	滴天髓闡微——附李雨田命理初學捷徑	【民國】袁樹珊、李雨田	命理經典未刪改足本
30	段氏白話命學綱要	【民國】段方	民初命理經典最淺白易懂
31	命理用神精華	【民國】王心田	學命理者之寶鏡

32	命學探驪集	【民國】張巢雲	發前人所未發 稀見民初子平命理著作
33	澹園命談	【民國】高澹園	
34	算命一讀通——鴻福齊天	【民國】不空居士、覺先居士合纂	
35	子平玄理	【民國】施惕君	
36	星命風水秘傳百日通	心一堂編	
37	命理大四字金前定	題【晉】鬼谷子王詡	源自元代算命術
38	命理斷語義理源深	心一堂編	稀見清代批命斷語及活套
39-40	文武星案	【明】陸位	失傳四百年《張果星宗》姊妹篇　千多星盤命例　研究命學必備
相術類			
41	新相人學講義	【民國】楊叔和	失傳民初白話文相術書
42	手相學淺說	【民國】黃龍	民初中西結合手相學經典
43	大清相法	心一堂編	重現失傳經典相書
44	相法易知	心一堂編	
45	相法秘傳百日通	心一堂編	
堪輿類			
46	靈城精義箋	【清】沈竹礽	沈氏玄空遺珍 玄空風水必讀
47	地理辨正抉要	【清】沈竹礽	
48	《玄空古義四種通釋》《地理疑義答問》合刊	沈瓞民	
49	《沈氏玄空吹虀室雜存》《玄空捷訣》合刊	【民國】申聽禪	
50	漢鏡齋堪輿小識	【民國】查國珍、沈瓞民	失傳已久的無常派玄空經典
51	堪輿一覽	【清】孫竹田	
52	章仲山挨星秘訣（修定版）	【清】章仲山	章仲山無常派玄空珍秘 門內秘本首次公開 沈竹礽等大師尋覓一生未得之珍本！
53	臨穴指南	【清】章仲山	
54	章仲山宅案附無常派玄空秘要	心一堂編	
55	地理辨正補	【清】朱小鶴	玄空六派蘇州派代表作
56	陽宅覺元氏新書	【清】元祝垚	簡易・有效・神驗之玄空陽宅法
57	地學鐵骨秘　附　吳師青藏命理大易數	【民國】吳師青	釋玄空廣東派地學之秘
58-61	四秘全書十二種（清刻原本）	【清】尹一勺	玄空湘楚派經典本來面目 有別於錯誤極多的坊本

62	地理辨正補註　附 元空秘旨　天元五歌　玄空精髓　心法秘訣等數種合刊	【民國】胡仲言	貫通易理、巒頭、三元、三合、天星、中醫
63	地理辨正自解	【清】李思白	公開玄空家「分率尺、工部尺、量天尺」之秘
64	許氏地理辨正釋義	【民國】許錦灝	民國易學名家黃元炳力薦
65	地理辨正天玉經內傳要訣圖解	【清】程懷榮	秘訣一語道破，圖文并茂
66	謝氏地理書	【民國】謝復	玄空體用兼備、深入淺出
67	論山水元運易理斷驗、三元氣運說附紫白訣等五種合刊	【宋】吳景鸞等	失傳古本《玄空秘旨》《紫白訣》
68	星卦奧義圖訣	【清】施安仁	三元玄空門內秘笈　清鈔孤本 過去均為必須守秘不能公開秘密 與今天流行飛星法不同
69	三元地學秘傳	【清】何文源	
70	三元玄空挨星四十八局圖說	心一堂編	
71	三元挨星秘訣仙傳	心一堂編	
72	三元地理正傳	心一堂編	
73	三元天心正運	心一堂編	
74	元空紫白陽宅秘旨	心一堂編	
75	玄空挨星秘圖　附 堪輿指迷	心一堂編	
76	姚氏地理辨正圖說　附 地理九星并挨星真訣全圖 秘傳河圖精義等數種合刊	【清】姚文田等	蓮池心法　玄空六法 門內秘鈔本首次公開
77	元空法鑑批點本——附 法鑑口授訣要、秘傳玄空三鑑奧義匯鈔　合刊	【清】曾懷玉等	
78	元空法鑑心法	【清】曾懷玉等	
79	曾懷玉增批蔣徒傳天玉經補註【新修訂版原（彩）色本】	【清】項木林、曾懷玉	
80	地理學新義	【民國】俞仁宇撰	揭開連城派風水之秘
81	地理辨正揭隱（足本）　附連城派秘鈔口訣	【民國】王邈達	
82	趙連城傳地理秘訣附雪庵和尚字字金	【明】趙連城	
83	趙連城秘傳楊公地理真訣	【明】趙連城	
84	地理法門全書	仗溪子、芝罘子	巒頭風水，內容簡核、深入淺出
85	地理方外別傳	【清】熙齋上人	巒頭形勢、「望氣」「鑑神」
86	地理輯要	【清】余鵬	集地理經典之精要
87	地理秘珍	【清】錫九氏	巒頭、三合天星，圖文並茂
88	《羅經舉要》附《附三合天機秘訣》	【清】賈長吉	清鈔孤本羅經、三合訣法圖解
89–90	嚴陵張九儀增釋地理琢玉斧巒	【清】張九儀	清初三合風水名家張九儀經典清刻原本！

91	地學形勢摘要	心一堂編	形家秘鈔珍本
92	《平洋地理入門》《巒頭圖解》合刊	【清】盧崇台	平洋水法、形家秘本
93	《鑒水極玄經》《秘授水法》合刊	【唐】司馬頭陀、【清】鮑湘襟	千古之秘，不可妄傳匪人
94	平洋地理闡秘	心一堂編	雲間三元平洋形法秘鈔珍本
95	地經圖說	【清】余九皋	形勢理氣、精繪圖文
96	司馬頭陀地鉗	【唐】司馬頭陀	流傳極稀《地鉗》
97	欽天監地理醒世切要辨論	【清】欽天監	公開清代皇室御用風水真本
三式類			
98－99	大六壬尋源二種	【清】張純照	六壬入門、占課指南
100	六壬教科六壬鑰	【民國】蔣問天	由淺入深，首尾悉備
101	壬課總訣	心一堂編	過去術家不外傳的珍稀六壬術秘鈔本
102	六壬秘斷	心一堂編	
103	大六壬類闡	心一堂編	
104	六壬秘笈——韋千里占卜講義	【民國】韋千里	六壬入門必備
105	壬學述古	【民國】曹仁麟	依法占之，「無不神驗」
106	奇門揭要	心一堂編	集「法奇門」、「術奇門」精要
107	奇門行軍要略	【清】劉文瀾	條理清晰、簡明易用
108	奇門大宗直旨	劉毗	天下孤本　首次公開 虛白廬藏本《秘藏遁甲天機》
109	奇門三奇干支神應	馮繼明	
110	奇門仙機	題【漢】張子房	奇門不傳之秘　應驗如神
111	奇門心法秘纂	題【漢】韓信（淮陰侯）	
112	奇門廬中闡秘	題【三國】諸葛武侯註	
選擇類			
113－114	儀度六壬選日要訣	【清】張九儀	清初三合風水名家張九儀擇日秘傳
115	天元選擇辨正	【清】一園主人	釋蔣大鴻天元選擇法
其他類			
116	述卜筮星相學	【民國】袁樹珊	民初二大命理家南袁北韋
117－120	中國歷代卜人傳	【民國】袁樹珊	南袁之術數經典

占筮類			
121	卜易指南（二種）	【清】張孝宜	民國經典，補《增刪卜易》之不足
122	未來先知秘術——文王神課	【民國】張了凡	內容淺白、言簡意賅、條理分明
星命類			
123	人的運氣	汪季高（雙桐館主）	五六十年香港報章專欄結集！
124	命理尋源	【民國】徐樂吾	民國三大子平命理家徐樂吾必讀經典！
125	訂正滴天髓徵義		
126	滴天髓補註 附 子平一得		
127	窮通寶鑑評註 附 增補月談賦 四書子平		
128	古今名人命鑑		
129-130	紫微斗數捷覽（明刊孤本）[原（彩）色本] 附 點校本 （上）（下）	馮一、心一堂術數古籍整理編校小組 整理	明刊孤本 首次公開！
131	命學金聲	【民國】黃雲樵	民國名人八字、六壬奇門推命
132	命數叢譚	【民國】張雲溪	子平斗數共通、百多民國名人命例
133	定命錄	【民國】張一蟠	民國名人八十三命例詳細生平
134	《子平命術要訣》《知命篇》合刊	【民國】鄒文耀、【民國】胡仲言 撰	《子平命術要訣》科學命理；《知命篇》易理皇極、命理地理、奇門六壬互通
135	科學方式命理學	閻德潤博士	匯通八字、中醫、科學原理！
136	八字提要	韋千里	民國三大子平命理家韋千里必讀經典！
137	子平實驗錄	【民國】孟耐園	作者四十多年經驗 占卜奇靈 名震全國！
138	民國偉人星命錄	【民國】囂囂子	幾乎包括所民初總統及國務總理八字！
139	千里命鈔	韋千里	失傳民初三大命理家-韋千里 代表作
140	斗數命理新篇	張開卷	現代流行的「紫微斗數」內容及形式上深受本書影響
141	哲理電氣命數學——子平部	【民國】彭仕勛	命局按三等九級格局、不同術數互通借用
142	《人鑑——命理存驗·命理擷要》（原版足本）附《林庚白家傳》	【民國】林庚白	傳統子平學修正及革新、大量名人名例
143	《命學苑苑刊——新命》（第一集）附《名造評案》《名造類編》等	【民國】林庚白、張一蟠等撰	史上首個以「唯物史觀」來革新子平命學結集
相術類			
144	中西相人探原	【民國】袁樹珊	按人生百歲，所行部位，分類詳載
145	新相術	【美國】字拉克福原著、【民國】沈有乾編譯	通過觀察人的面相身形、色澤舉止等，得知性情、能力、習慣、優缺點等
146	骨相學	【民國】風萍生編著	結合醫學中生理及心理學，影響近代西、日、中相術深遠
147	人心觀破術 附運命與天稟	【日本】管原如庵、加藤孤雁原著，【民國】唐真如譯	觀破人心、運命與天稟的奧妙

148	《人相學之新研究》《看相偶述》合刊	盧毅安	集中外大成，無不奇驗；影響近代香港相術名著
149	冰鑑集	【民國】碧湖鷗客	各家相法精華、相術捷徑、圖文並茂附名人照片
150	《現代人相百面觀》《相人新法》合刊	【民國】吳道子輯	失傳民初相學經典二種　重現人間！
151	性相論	【民國】余晉龢	民初北平公安局專論相學與犯罪專著（犯罪學生物學派）
152	《相法講義》《相理秘旨》合刊	韋千里、孟瘦梅	命理學大家韋千里經典、傳統相術秘籍精華
153	《掌形哲學》附《世界名人掌形》《小傳》	【民國】余萍客	圖文并茂、附歐美名人掌形圖及生平簡介
154	觀察術	【民國】吳貴長	可補充傳統相術之不足
堪輿類			
155	羅經消納正宗	【明】沈昇撰、【明】史自成、丁孟章合纂	失傳四庫存目珍稀風水古籍
156	風水正原	【清】余天藻	●積德為求地之本，形家必讀！
157	安溪地話（風水正原二集）		●純宗形家，與清代欽天監地理風水主張大致相同
158	《蔣子挨星圖》附《玉鑰匙》	【清】蔣大鴻等傳	窺知無常派章仲山一脈真傳奧秘
159	樓宇寶鑑	吳師青	陽宅風水必讀、現代城市樓宇風水看法改革
160	《香港山脈形勢論》《如何應用日景羅經》合刊		香港風水山脈形勢專著
161	三元真諦稿本——讀地理辨正指南	【民國】王元極	被譽為蔣大鴻、章仲山後第一人　內容直接了當，盡揭三元玄空家之秘
162	三元陽宅萃篇		
163	王元極增批地理冰海　附批點原本地理冰海	【清】高守中　【民國】王元極	
164	地理辨正發微	【清】唐南雅	極之清楚明白，披肝露膽
165-167	增廣沈氏玄空學　附　仲山宅斷秘繪稿本三種、自得齋地理叢說稿鈔本（上）（中）（下）	【清】沈竹礽	玄空必讀經典！附《仲山宅斷》幾種鈔本及批點本，畫龍點睛、披肝露膽，道中刊印本未點破的秘訣
168-169	巒頭指迷（上）（下）	【清】尹貞夫原著、【民國】何廷珊增訂、批注	圖文并茂：龍、砂、穴、水、星辰九十九變　洩漏天機：蔣大鴻、賴布衣挨星秘訣及用法
170-171	三元地理真傳（兩種）（上）（下）	【清】趙文鳴	蔣大鴻嫡派真傳張仲馨一脈二十種家傳秘本、宅墓案例三十八圖，並附天星擇日
172	三元宅墓圖　附　家傳秘冊		
173	宅運撮要	【民國】尤惜陰（演本法師）、榮柏雲	撮三集《宅運新案》之精要
174	章仲山秘傳玄空斷驗筆記　附　章仲山斷宅圖註	【清】章仲山傳、【清】唐鷺亭纂	無常派玄空不外傳秘中秘！二宅實例有斷驗及改造內容
175	汪氏地理辨正發微　附　地理辨正真本	【清】蔣大鴻、姜垚原著、【清】汪云吾發微	蔣大鴻嫡派張仲馨一脈三元理、法、訣具體泄露　三百年來最佳《地理辦正》註解！石破天驚！
176	蔣大鴻家傳歸厚錄汪氏圖解	【清】蔣大鴻、【清】汪云吾圖解	
177	蔣大鴻嫡傳三元地理秘書十一種批注	【清】蔣大鴻原著、【清】汪云吾、【清】劉樂山註	

178	《星氣(卦)通義(蔣大鴻秘本四十八局圖并打劫法)》《天驚秘訣》合刊	題【清】蔣大鴻 著	江西興國真傳三元風水秘本
179	蔣大鴻嫡傳天心相宅秘訣全圖附陽宅指南等秘書五種	【清】蔣大鴻編訂、【清】汪云吾、劉樂山註	蔣大鴻徒張仲馨秘傳陽宅風水「教科書」！
180	家傳三元地理秘書十三種		真天宮之秘 千金不易之寶
181	章仲山門內秘傳《堪輿奇書》附《天心正運》	【清】章仲山傳、【清】華湛恩	直洩無常派章仲山玄空風水不傳之秘
182	《挨星金口訣》、《王元極增批補圖七十二葬法訂本》合刊	[民國]王元極	秘中秘——玄空挨星真訣公開！字字千金！
183-184	《家傳三元古今名墓圖集附謝氏水鉗》《蔣氏三元名墓圖集》合刊(上)(下)	(清)孫景堂，劉樂山，張稼夫	蔣大鴻嫡傳風水宅案、幕講師、蔣大鴻、姜垚等名家多個實例，破禁公開！
185-186	《山洋指迷》足本兩種 附《尋龍歌》(上)(下)	【明】周景一	風水巒頭形家必讀《山洋指迷》足本！
187-196	蔣大鴻嫡傳水龍經注解 附 虛白廬藏珍本水龍經四種(1-10)	【清】蔣大鴻編訂、【清】楊臥雲、汪云吾、劉樂山註	蔣大鴻嫡傳一脈授徒秘笈 希世之寶 千年以來，師師相授之秘旨，破禁公開！ 完整了解蔣氏嫡派真傳一脈三元理、法、訣！ 附已知最古《水龍經》鈔本等五種稀見《水龍經》
197	批注地理辨正直解	【清】章仲山	無常派玄空必讀經典未刪改本！
198	《天元五歌闡義》附《元空秘旨》(清刻原本)		
199	心眼指要(清刻原本)		
200	華氏天心正運	【清】華湛恩	
201-202	批注地理辨正再辨直解合編(上)(下)	【清】蔣大鴻原著、【清】姚銘三再註、【清】章仲山直解	失傳姚銘三玄空經典重現人間！ 名家：沈竹礽、王元極推薦！
203	章仲山注《玄機賦》《元空秘旨》附《口訣中秘訣》《因象求義》等九種合刊	【清】章仲山	近三百年來首次公開！ 章仲山無常派玄空秘密，和盤托出！ 章仲山注《玄機賦》及章仲山原傳之口訣及筆記
204	章仲山門內真傳《三元九運挨星篇》《運用篇》《挨星定局篇》《口訣篇》等合刊	【清】章仲山、柯遠峰等	
205	章仲山門內真傳《大玄空秘圖訣》《天驚訣》《飛星要訣》《九星斷略》《得益錄》等合刊	【清】章仲山、冬園子等	
206	撼龍經真義	吳師青註	近代香港名家吳師青必讀經典
207	章仲山嫡傳《翻卦挨星圖》《秘鈔元空秘旨》附《秘鈔天元五歌闡義》	【清】章仲山傳、【清】王介如輯撰	透露章仲山家傳玄空嫡傳學習次弟及關鍵不傳之秘
208	章仲山嫡傳秘鈔《秘圖》《節錄心眼指要》合刊		
209	《談氏三元地理大玄空實驗》附《談養吾秘稿奇門占驗》	【民國】談養吾撰	史上首次公開「無常派」下卦起星等挨星秘密之書
210	《談氏三元地理濟世淺言》附《打開一條生路》		了解談氏入世的易學卦德爻象思想
211-215	《地理辨正集註》附《六法金鎖秘》《巒頭指迷真詮》《作法雜綴》等(1-5)	【清】尋緣居士	集《地理辨正》一百零八家註解大成精華 匯巒頭及蔣氏、六法、無常、湘楚等秘本 史上最大篇幅的《地理辨正》註解
216	三元大玄空地理二宅實驗(足本修正版)	【民國】尤惜陰(演本法師)、榮柏雲撰	三元玄空無常派必讀經典足本修正版

217	蔣徒呂相烈傳《幕講度針》附《元空秘斷》《陰陽法竅》《挨星作用》	【清】呂相烈	蔣大鴻門人呂相烈三元秘本三百年來首次破禁公開！
218	挨星撮要（蔣徒呂相烈傳）		
219－221	《沈氏玄空挨星圖》《沈註章仲山宅斷未定稿》《沈氏玄空學（四卷原本）》合刊（上中下）	【清】沈竹礽 等	揭開沈氏玄空挨星五行吉凶斷的變化及不同用法 章仲山宅斷未刪本、沈氏玄空學原本佚文、玄空挨星圖稿鈔本 大公開！
222	地理穿透真傳（虛白廬藏清初刻原本）	【清】張九儀	三合天星家宗師張九儀畢生地學精華結集
223－224	地理元合會通二種（上）（下）	【清】姚炳奎	分發兩家（三元、三合）之秘，會通其用 詳解注羅盤（蔣盤、賴盤）；義理、斷驗俱精
其他類			
225	天運占星學 附 商業周期、股市粹言	吳師青	天星預測股市，神準經典
226	易元會運	馬翰如	《皇極經世》配卦以推演世運與國運
三式類			
227	大六壬指南（清初木刻五卷足本）		六壬學占驗課案必讀經典海內善本
228－229	甲遁真授秘集（批注本）（上）（下）	【清】薛鳳祚	明清皇家欽天監秘傳奇門遁甲 奇門、易經、皇極經世結合經典
230	奇門詮正	【民國】曹仁麟	簡易、明白、實用，無師自通！
231	大六壬探源	【民國】袁樹珊	民初三大命理家袁樹研究六壬四十餘年代表作
232	遁甲釋要	【民國】徐昂	推衍遁甲、易學、洛書九宮大義！
233	《六壬卦課》《河洛數釋》《演玄》合刊		疏理六壬、河洛數、太玄隱義！
234	六壬指南（【民國】黃企喬）	【民國】黃企喬	失傳經典 大量實例
選擇類			
235	王元極校補天元選擇辨正	原【清】謝少暉輯、【民國】王元極校補	三元地理天星選日必讀
236	王元極選擇辨真全書 附 秘鈔風水選擇訣	【民國】王元極	王元極天昌館選擇之要旨
237	蔣大鴻嫡傳天星選擇秘書注解三種	【清】蔣大鴻編訂、【清】楊臥雲、汪云吾、劉樂山註	蔣大鴻陰陽二宅天星擇日日課案例！
238	增補選吉探源	【民國】袁樹珊	按表檢查，按圖索驥：簡易、實用！
239	《八風考略》《九宮撰略》《九宮考辨》合刊	沈瓞民	會通沈氏玄空飛星立極、配卦深義
其他類			
240	《中國原子哲學》附《易世》《易命》	馬翰如	國運、世運的推演及預言